वनपाखी

उतरे पहाड़ से

बंशी, मादल और पलाश

वनपाखी
उतरे पहाड़ से

बंशी, मादल और पलाश

यशोधरा राठौर

वाणी
प्रकाशन

प्रकाशन के उत्कृष्टतम 61 वर्ष

सजिल्द पहला संस्करण : 2024

vaniprakashan.com

वाणी प्रकाशन

4695, 21-ए, दरियागंज, नयी दिल्ली-110 002

फ़ोन : + 91 11 23273167, 23275710

शाखाएँ

अशोक राजपथ, पटना-800 004, बिहार

कॉफ़ी हाउस कैम्पस, महात्मा गांधी मार्ग, प्रयागराज-211 001, उत्तर प्रदेश

महात्मा गांधी अन्तरराष्ट्रीय हिन्दी विश्वविद्यालय, वर्धा-442 001, महाराष्ट्र

sales@vaniprakashan.in
vaniprakashan@gmail.com

Vanpakhi Utare Pahad se
by Yashodhara Rathaur

ISBN : 978-93-5775-327-2
Navgeet Collection

मूल्य : ₹ 495

जी.एस. ऑफ़सेट, दिल्ली-110 095 में मुद्रित

वाणी प्रकाशन का लोगो मक़बूल फ़िदा हुसेन की कूची से

अनुक्रम

सघन संवेदना के सहज गीत

आचार्य रामचन्द्र शुक्ल के विचार से "जबकि प्रत्येक देश का साहित्य वहाँ की जनता की चित्तवृत्ति का संचित प्रतिबिम्ब होता है, तब यह निश्चित है कि जनता की चित्तवृत्ति के परिवर्तन के साथ-साथ साहित्य के रूप में भी परिवर्तन होता चलता है।" कहने का तात्पर्य है कि सामाजिक जीवन और सामाजिक चेतना में जब भी परिवर्तन आता है तो उसकी अभिव्यक्ति के तरीक़े भी बदल जाते हैं। यह सही है कि स्वतन्त्रता-प्राप्ति के बाद भारतीय समाज के आधुनिकीकरण की प्रक्रिया काफ़ी तेज़ हो गयी थी, जिससे उसकी सामाजिक चेतना में गुणात्मक तब्दीली आ गयी थी। सामाजिक चेतना में आये इस परिवर्तन का प्रभाव हिन्दी साहित्य पर बहुत ही व्यापक ढंग से परिलक्षित हुआ था। साहित्य के सभी रूपों के रूपाकार और संवेदना में परिवर्तन के अनुरूप परिवर्तन के लक्षण दिखाई देने लगे थे। सबसे पहले कविता की रचना-दृष्टि, जीवन-दृष्टि और कला-दृष्टि में बदलाव आया था और यह बदलाव आधुनिकतावादी-अस्तित्ववादी जीवन-दर्शन का भारतीय जीवन में प्रवेश का नतीजा था। इस नयी रचना-दृष्टि के अनुसार लिखी जा रही कविताएँ नयी कविता के नाम से जानी-पहचानी गयीं और कहानी नयी कहानी के नाम से। गीत के धरातल पर परिवर्तन बहुत धीरे-धीरे आ रहा था। हालाँकि इस परिवर्तन की बीज वस्तुएँ निराला के परवर्ती गीतों तथा केदारनाथ अग्रवाल के प्रगतिशील और वस्तुवादी गीतों में ही अँखुआने लगी थीं। सच तो यह है कि गीत की आत्मपरकता और व्यक्तिनिष्ठता सामाजिकता और वस्तुनिष्ठता में प्रगतिशील दौर के गीतों तथा सप्तकीय कवियों और उस दौर के अन्य कवियों के गीतों में भी रूपान्तरित होती दिखाई देने लगी थी। गीत के रचना-परिदृश्य पर आने वाले इस युगसापेक्ष परिवर्तन को अन्ततः वर्ष 1958 में 'गीतांगिनी' के सम्पादकीय में राजेन्द्र प्रसाद सिंह द्वारा 'नवगीत' नाम से पहचानने-परखने की चेष्टा की गयी, जिसे कालान्तर में सर्वस्वीकृति हासिल हो गयी।

1

पारम्परिक गीतों के भाषा-शिल्प, शब्द, मुहावरे और ढाँचा-ढब आधुनिक जीवन के, स्वतन्त्रता-प्राप्ति के बाद के, अत्यधिक खुरदरे सामाजिक यथार्थ और अनुभूति की सम्पूर्ण जटिलता को समग्रता में अभव्यक्त कर पाने में सर्वथा अक्षम हो गये थे। नवगीत के उदय के बाद पारम्परिक गीत की अनुभूति की संरचना पूरी तरह बदल गयी। नवगीत अब नितान्त वैयक्तिक आत्मानुभूतियों की अभिव्यक्ति का माध्यम न रहकर सामाजिक जीवन की अभिव्यक्ति का माध्यम बन गया। इसने लोकजीवन, लोकभाषा और लोकगीत की लय, अनुगूँजात्मकता और संगीत के सम्पर्क और साहचर्य से अन्तःशक्ति अर्जित की, जिससे नवगीत की संवेदनशीलता और प्रभविष्णुता में अत्यधिक इजाफ़ा हुआ। जैसे-जैसे भारतीय समाज बदलता गया, नवगीत भी युगसापेक्ष, समयसापेक्ष और समाजसापेक्ष होता गया। कविता और कहानी की तरह गीत के स्वरूप, संवेदना और अनुभूति की संरचना के अनुरूप उसके नाम भी समयानुसार बदलते गये। यह आठवें दशक में जनवादी गीत या जनगीत के नाम से जाना गया और बीसवीं शताब्दी के अन्तिम दशक में समकालीन गीत के रूप में बदल गया। जो लोग यह मानते हैं कि सातवें दशक के बाद भारतीय समाज में कोई विशेष परिवर्तन नहीं आया है या नवगीत के बाद गीत के रचना-परिदृश्य या रचना-दृष्टि में कोई युगान्तकारी परिवर्तन सम्भव नहीं है, वे लोग आज भी नवगीत की रट लगाये हुए हैं तथा नवगीत में ही जनवाद और समकालीनता के लक्षण ढूँढ़ने का अकारथ प्रयत्न कर रहे हैं। ये लोग यह मोटी बात भी प्रायः विस्मृत कर दे रहे हैं कि किसी भी साहित्यिक विधा के साथ 'नव' विशेषण उसकी रचना-दृष्टि और जीवन-दृष्टि में रूपवादी कलावाद और आधुनिकतावादी-अस्तित्ववादी जीवन-दृष्टि का पर्याय होता है। नवगीत का 'नव' इससे इतर हरगिज़ नहीं है।

यह बात गीत के विकास के लिए बहुत ही सकारात्मक उपक्रम है कि हमारे गीतकार किसी-न-किसी तरह से अपने गीतों का संकलन प्रकाशित करवाकर लोगों तक पहुँचा दे रहे हैं, जिससे गीत (नवगीत, जनगीत या समकालीन गीत) के अध्येता को उन्हें समझने और उन पर काम करने में काफ़ी सहूलियत मिल जाती है। इस दिशा में भी यशोधरा राठौर ने अपनी पहलक़दमी करने में काई कोताही नहीं बरती है। उनका यह चौथा गीत-संग्रह इसी सकारात्मक उपक्रम का व्यावहारिक प्रतिफल है।

2

यशोधरा राठौर के केवल गीतकार रूप से ही मैं परिचित नहीं हूँ, उनके गीतकार रूप के विकास का साक्षी भी रहा हूँ। यशोधरा जी का नाम तो मैं मुज़फ़्फ़रपुर के

साहित्यकारों से तक़रीबन बीस-पच्चीस वर्षों पूर्व से सुनता रहा था। कभी उनसे साक्षात्कार नहीं हुआ था और न ही किसी पत्र-पत्रिका में उनकी रचनाएँ देखने या पढ़ने को मुझे सौभाग्य ही मिला था। संयोगवश अभिधा प्रकाशन, मुज़फ़्फ़रपुर के प्रोप्रायटर अशोक गुप्त के सौजन्य से वर्ष 2006 में यशोधरा जी के आवास पर उनके प्रथम कविता-संग्रह 'पृथ्वी कहते हैं लोग उसे' के प्रकाशन के सिलसिले में भेंट हुई और उनके विशेष आग्रह पर उस पुस्तक पर ब्लर्ब भी मैंने लिखा था। साहित्य-चर्चा के दौरान मैंने उनसे आग्रह किया कि आप में गीतात्मकता कूट-कूट कर भरी हुई है तो आप गीत क्यों नहीं लिखतीं अगर इस दिशा में आप सक्रिय हों तो मैं पर्याप्त मात्रा में नवगीत का रचनात्मक साहित्य पढ़ने के लिए दूँगा और दिया भी। मुझे ख़ुशी है कि उन्होंने मेरे आग्रह का मान रखा और नवगीत लिखने की ओर प्रवृत्त हुईं। सिर्फ़ दस वर्षों की अल्पावधि में यशोधरा जी ने न केवल पर्याप्त मात्रा में अच्छे नवगीत ही लिखे, प्रस्तुत संग्रह उनका चौथा नवगीत-संग्रह है, बल्कि आज वे अपनी उत्कृष्ट रचनात्मक प्रतिभा से नवगीतकारों, उसके अध्येताओं एवं आलोचकों का ध्यान भी अपनी ओर खींचने में सफल हो गयी हैं। यह अलग बात है कि जिस तेज़ी से साहित्य-जगत में उनकी ख्याति बढ़ी है, उतनी ही तेज़ी से उनके स्थानीय शत्रुओं की संख्या भी बढ़ी है। उन्होंने अपने अवांछित व्यक्तिगत आलोचकों के कटु आरोपों-प्रत्यारोपों का व्यावहारिक उत्तर कभी नहीं दिया, वरन् अपनी रचनात्मक ऊर्जा को और अधिक संघटित, तीक्ष्ण और पैनी करती रहीं।

3

बनावट और बुनावट के धरातल पर यशोधरा राठौर के गीत अपने समकालीन नवगीतकारों से इस अर्थ में भिन्न हैं कि वे अपने गीतों में प्रयोगधर्मी नयापन लाने के लिए गीत के छन्दों के साथ अमानवीय खिलवाड़ नहीं करतीं और न ही उनके गीतों के विभिन्न बन्द अर्थ-संहति की दृष्टि से अलग-अलग अर्थ देते हैं, उनमें एक तारतम्यता होती है। उनके गीतों के आन्तरिक संघटन में उनकी लय-संरचना की तरह ही अर्थान्विति होती है, जिससे उनके गीतों में समग्रता का बोध होता है। उनके गीतों की भाषा बिल्कुल सहज, आम बोलचाल के क़रीब है, किन्तु अकलात्मक कतई नहीं है। यशोधरा जी के गीतों में अर्थ-अमूर्तन की सरहद में प्रवेश कर जाने वाले संश्लिष्ट बिम्ब नहीं के बराबर हैं। वे अपने काव्य-बिम्ब की रचना के लिए भाववादी कल्पना-लोक में नहीं भटकतीं, अपितु अपने आस-पास बिखरी दुनिया और सामाजिक जीवन से उन्हें चुनती हैं, जिसके कारण उनके गीत पाठकों की संवेदना से सीधे-सीधे जुड़ जाते हैं और उसमें एक आत्मीय अपनापन का अहसास

होता है। सामाजिक यथार्थ के विभिन्न रूपों को वे अपने गीतों में समेट लेने में काफ़ी कुशल दिखाई देती हैं–"आदमी अब/आदमी जैसे नहीं मिलते/नहीं मिलती/धूप में अब गुनगुनाहट है/ऊब, टूटन, घुटन है/औ, कसमसाहट है/हैं न झोंकों से/हवा के/पात अब हिलते।"

यशोधरा राठौर का कार्यक्षेत्र मुख्य रूप से मुज़फ़्फ़रपुर और पटना रहा है। वे नौकरी के सिलसिले में वर्ष 2008 में बिहार से झारखण्ड चली गयीं। झारखण्ड का प्राकृतिक वातावरण, वहाँ की सभ्यता और संस्कृति एवं लोक-जीवन से इतनी जल्द एकरूप हो गयीं, और यहाँ के सकरात्मक तत्त्वों को उन्होंने अपने अभ्यन्तर में इस क़दर आत्मसात कर लिया कि उन्होंने झारखण्ड को ध्यान में रखकर अनेक उम्दा नवगीत रच डाले। झारखण्ड को सम्बोधित गीतों में वे सिर्फ़ वहाँ के प्राकृतिक वातावरण पर ही अपना ध्यान केन्द्रित नहीं करती, प्रत्युत वहाँ के रहन-सहन, संगीत, लोकजीवन और लोकजीवन के अन्तर्विरोधों पर भी बारीक नज़र रखती हैं। मौजूदा समय में झारखण्ड में मधुसूदन साहा और श्यामसुन्दर घोष के अलावा कोई दूसरा गीतकार नहीं दृष्टिगत होता जिसकी राष्ट्रीय पहचान हो। राष्ट्रीय पहचान वाले दो अन्य नवगीतकार भी हैं जो जीविका के कारण झारखण्ड में आजकल रह रही हैं–शान्ति सुमन और यशोधरा राठौर। इन दोनों कवयित्रियों की, नवगीतकार होने के बावजूद, गीत-दृष्टि, गीतों की लय-संरचना, बनावट और बुनावट, अर्थ-संहति, जीवन-दृष्टि और रचना-प्रक्रिया काफ़ी अलहदा हैं। झारखण्ड को सम्बोधित गीतों में यशोधरा राठौर ने वहाँ के प्राकृतिक परिवेश, लोकजीवन और सांस्कृतिक पर्यावरण को सफल अभिव्यक्ति दी है–"झारखण्ड के जंगल का/जादू टूटा है/एक अनोख़ा पीलापन/उतरा पेड़ों पर/जिसे गिलहरी निरख़/रही रुक कर मेंड़ों पर/नदी पार की हलचल का/जादू टूटा है" या "वनवासी-सी/चहक रही है/धूप सुबह की/अभी-अभी उतरी/पहाड़ से आँगन में है/सपने बाँच रही/पूरे घर में, मन में है/हर चूल्हे में दहक रही है/धूप सुबह की" अथवा "गीत नहीं यह/झारखण्ड का सामगान है/इसकी साँसों में है/नये सृजन की हलचल/धड़कन में हैं रचे-बसे/वंशी औ, मादल/यह सपनों के पंखों की/पहली उड़ान है/इसकी लय, छन्दों में/गन्ने की मिठास है/शब्द-शब्द में घुला/सवेरे का उजास है/श्रमजीवी के चेहरे की/यह हरता थकान है।"

4

यशोधरा राठौर, दरहक़ीक़त, नवगीत धारा की एक विशिष्ट कवयित्री हैं। इसलिए उनके गीतों में आधुनिक जीवन की क्रूर विडम्बनाओं, विसंगतियों, त्रासदियों और

अमानवीयताओं को संवेदनशील अभिव्यक्ति मिली है। उन्होंने अपने भावों (विचारों) की अभिव्यक्ति के लिए समयानुकूल काव्यभाषा और शब्दावली का चुनाव किया है जिसमें पारम्परिक गीतों का मिश्रण, कोमलता, अतिशय कल्पनाशीलता और सरस शब्दावलियों के निषेध की प्रवृत्ति दिखाई देती है–"हैं ख़बर/लेकिन नहीं अख़बार लगते हैं/इस शहर के लोग क्यों/बीमार लगते हैं/यहाँ हर होंठ पर/चिपकी हुई/मुस्कान नकली है/यहाँ जो दिख रहा/नहीं वह चीज़ असली है/यहाँ आँगन नहीं/बँटते हुए घरबार लगते हैं।"

आधुनिकतावादी-अस्तित्ववादी जीवन-दर्शन और मध्यवर्गीय कुण्ठा, थकान, ऊब, घुटन, संत्रास, अजनबीपन, सम्बन्ध-विघटन, मूल्यहीनता, मृत्युबोध, महानगरीय जीवन की विसंगतियाँ, आज के बदलते गाँवों के प्रति नॉस्टेल्जियन प्रेम सातवें दशक के ही नवगीत-रचना का प्रमुख विषय रहे हैं। आधुनिकता और अस्तित्ववाद पूँजीवादी जीवन-दर्शन रहा है, इसलिए वह सामाजिक विसंगतियों, उसके अन्तर्विरोधों और व्यापक जन-जीवन के दुःख, दैन्य, ग़रीबी, भुखमरी, बेरोज़गारी, फाकाकशी को उसकी नियति बनाकर पेश करता रहा है। इन्हीं को अपना प्रमुख विषय बनाने के कारण नवगीत मध्यवर्गीय निराशाबोध, ढुलमुलपन और यथास्थितिवाद का संसार बन गया है। यशोधरा राठौर भी नवगीत की इस विरासत से अछूती नहीं रही हैं। उनके गीतों में भी नवगीत का यथास्थितिवाद, गहरा निराशा-बोध और मध्यवर्गीय ढुलमुलपन बार-बार सिर उठाता प्रतीत होता है, हालाँकि उन्होंने इन कुप्रवृत्तियों का जगह-जगह पर निषेध भी किया है–"लग रही हूँ/मैं अकेली भीड़ में भी/परिचितों में भी/नहीं संवाद होता/डरी आँखों में भरा अवसाद होता/कँपकँपाते वनपखेरू/नीड़ में भी" या "जहाँ कहीं मैं गयी/ढूँढ़ने अपनापन/मिली वहीं पर जड़ें जमाये/हुए घुटन/लोग दिखे मशगूल/अभाव, दिखावों में" अथवा "दुखते वर्तमान को/हम किस तरह जियें/इसकी आँखों में/छाया है दहशत की/क्षण-क्षण बीत रही है/किसी क़यामत-सी/अब तक इसने/धुआँ, ज़हर, दुर्गन्ध पिये।"

5

आज के अधिकांश नवगीतकार नयी कविता की सफलताओं से आतंकित होकर नयी कविता की अकाव्यात्मक संवदेना को भी गीत में ढालने की होड़ में मशगूल हैं। इसके लिए गीत की लय-संरचना, तुक-विधान और छन्द-संहति के साथ प्रयोगवादी खिलवाड़ भी कर रहे हैं जिससे गीत मुक्त छन्द की कविता की भाँति सिर्फ़ पठ्य बनता जा रहा है, उसकी गेयता क्षत-विक्षत और लहूलुहान हो गयी है। अगर इस

दिशा में हमारे गीतकार इसी प्रकार के प्रयोगवादी प्रयोग करते रहेंगे तो गीत भी अन्तत: गद्य कविता के मानिंद बहुसंख्यक पाठकों और जन-सामान्य की संवेदना के परिसर से विस्थापित हो जायेगा। यह अच्छी बात है कि यशोधरा राठौर अपने गीतों में अप्रत्याशित तुकों और असमान लय-संहति का गठन नहीं करतीं तथा बिम्ब-प्रतीकों को अबूझ पहेली भी नहीं बनातीं। इसलिए सहजता, स्वाभाविकता, रागात्मकता, सामाजिकता, संगीतात्मक आत्मपरकता और लोकप्रियता उनके गीतों की सहज पहचान बन कर प्रस्तुत हुई है। उनके अधिकांश गीतों के छन्द-विन्यास और लयात्मक तरलता में झोल दिखायी नहीं देता, उनकी काव्य-भाषा में बोलचाल की आम भाषा जितनी सहजता है–"दिन के मुँह पर/फैली स्याही/मौसम की है तानाशाही/अपने/सारे भटकावों को/हद तक पके हुए/घावों को/सहलाने की/हुई मनाही" या "वर्षा के आते ही/अन्तर्मन भीगा/भीगी धरती/पेड़ों के पत्ते भीगे/मधुमक्खी के झूल रहे/छत्ते भीगे/रस की धारा से है/घर-आँगन भीगा।"

6

भारत के एक कृषि प्रधान देश होने के बावजूद हिन्दी साहित्य से गाँव आजकल ग़ायब होता जा रहा है। लेकिन समकालीन गीत में गाँव अपनी पूरी पहचान के साथ उपस्थित है। यह दीगर बात है कि नवगीतकारों ने अधिकांशत: गाँव को शहर की आँख से ही देखा है। स्वतन्त्रता प्राप्ति के बाद से भारतीय गाँवों में आधुनिकीकरण की प्रक्रिया थोड़ी धीमी गति से ही सही, लेकिन शुरू हो गयी थी; जिससे गाँवों की उत्पादन-पद्धति, उत्पादन के औज़ार और उत्पादन-सम्बन्धों में बदलाव आने लगे हैं। हिन्दी के अधिकांश नवगीतकारों ने गाँव से पनघट, चौपाल, ढेंकी, जाँता, दीवट, अलाव, रहट, हल-बैल आदि के लापता हो जाने की पीड़ा के साथ-साथ गाँव के रहन-सहन, आचार-विचार आदि में आधुनिकता के प्रवेश पर ख़ूब हाय-तोबा मचाया है। बहुत कम नवगीतकार हैं जिन्होंने गाँव की गलियों और नालियों के पक्कीकरण, पक्की सड़कें, बिजली, ट्रैक्टर, फ़सल-कटाई और बोआई की मशीनों के प्रवेश का पूरे मन से स्वागत किया है। ऐसा लगता है कि गीतकारों को पुरानी परम्परा रूढ़ियों में फँसा गाँव ही पसन्द है आधुनिक, प्रगतिशील और विकासशील गाँव नहीं। बतौर बानगी यशोधरा राठौर के इस गीत को देख सकते हैं–"आज मुझे/बदला-बदला/हर गाँव दिखा/मिलने-जुलने में/कोई उत्साह नहीं/ग्रामवधू दिखती/अब लापरवाह नहीं/मुर्झाये चेहरों पर/लिखा अभाव दिखा/लोग दीखते/सँभले, बेहद

चौकन्ने/नहीं माँगने पर भी/मिलते हैं गन्ने/घर-आँगन से/लिपटा खड़ा तनाव मिला/होड़ लगी गाँवों में/खोने-पाने की/फुर्सत बची नहीं/अब हँसने-गाने की/नयी प्रगति को मिलता/टका जवाब दिखा।" यशोधरा जी को गाँव में ही ऐसी विसंगति दिखाई देती है, जबकि ऐसी ही सम्बन्धहीनता और बनावटीपन शहरों में अधिक विरूपित अवस्था में मिलता है।

7

दरअसल यशोधरा राठौर ने अपने गीतों में केवल आधुनिकतावादी-अस्तित्ववादी कुण्ठा, संत्रास, ऊब, घुटन, सम्बन्धहीनता और इनसे उत्पन्न गहरे निराशाबोध को ही अभिव्यक्ति नहीं दी है। उन्होंने अपने समय और समाज के मुख्य अन्तर्विरोधों, आर्थिक असमानताओं, राजनीतिक विसंगतियों और विद्रूपताओं और सांस्कृतिक विडम्बनाओं को भी अभिव्यक्त करने की भरपूर चेष्टा की है। समाज को निरन्तर खोखला बना रही बीमारी पर भी उनकी पैनी नज़र रही है–"नये खेल-सा/जीवन जीना चाह रही/नहीं यातना की गहराई/थाह रही/इतना अँधियारा/कि हाथ नहीं सूझे/लगे अपरिचित लोग/सभी जाने-बूझे/सिर के ऊपर/फैल किसी की छाँह रही/चाल सियासत चलती है/उल्टी-सीधी/फूलों की पंखुड़ियाँ/दीख रहीं बींधी/कसी शिकंजों में/सपनों की बाँह रही/धीरज तोड़ न पाये/मौसम के मारे/डिगा नहीं पाये/अपराधी-हत्यारे/इतिहासों की स्याही/सिर्फ़ गवाह रही।" इस गीत में यशोधरा राठौर सामाजिक अन्तर्विरोधों, राजनीतिक विसंगतियों और विद्रूपताओं तथा सांस्कृतिक विडम्बनाओं की भयावह मार के आगे घुटने टेक नहीं देतीं, उनका धीरज ध्वस्त नहीं होता, अपितु अन्ततः वे मनुष्यों की जीत के प्रति आशान्वित दृष्टिगोचर होती हैं। साथ ही वे घोषणा करती हैं कि–"नये-नये अहसास मिलेंगे/हँसी, ख़ुशी, उल्लास मिलेंगे/बदलेंगे अपनी हिम्मत से/हम अपने हालात/मैं अनजान सफ़र में निकली/मीत, तुम्हारे साथ।" प्रेम, प्रकृति और सौन्दर्य गीत-रचना के सर्वाधिक उर्वर भूमि हैं, इसलिए संसार भर की प्रायः सभी भाषाओं में प्रेम, प्रकृति और सौन्दर्य को विषय बना कर लिखे गये गीतों का अकूत भण्डार है। प्रेम, प्रकृति और सौन्दर्य से जुड़ी कविताएँ मानव-सभ्यता के विकास के सभी चरणों में पर्याप्त मात्रा में उपलब्ध होती हैं। नवगीत में प्रकृति के विभिन्न रूपों को विषय बनाकर ढेरों गीत लिखे गये हैं तथा सौन्दर्य उनकी मूल्य-दृष्टि और भाषा-शिल्प में विन्यस्त होकर अभिव्यक्त हुए हैं। लेकिन मौजूदा दौर के नवगीतों में उत्कृष्ट प्रेम-गीतों का अभाव अखरता है। यशोधरा राठौर ने दूसरे नवगीतकारों की तुलना में अधिक प्रेम-गीत लिखे हैं।

8

अगर मेरी जानकारी सही है तो वर्ष 2011 में हिन्दी के ग्यारह कवियों की जन्म शताब्दी के अवसर पर नागार्जुन और गोपाल सिंह नेपाली की कविताओं पर उन्होंने आलोचनात्मक लेख लिखे थे। उसी दौरान उन्होंने केदारनाथ अग्रवाल की प्रेम-कविताओं पर भी 'प्रेम राग का पंचम स्वर' शीर्षक से एक लेख लिखा था। केदारनाथ अग्रवाल की प्रेम कविताओं को उन्होंने पूरे मनोयोग से पढ़ा, समझा और आत्मसात किया है। फलतः उनके प्रेम-गीतों में केदारनाथ अग्रवाल जैसा ही कुण्ठारहित खुलापन है। इस लिहाज़ से वे हिन्दी की अन्य गीत-कवयित्रियों से बाज़ी मार लेती हैं। उनका यह खुलापन उनके पहले गीत-संग्रह 'उस गली के मोड़ पर, भी पर्याप्त मात्रा में है–"तेरे होंठों पर/होंठों से/मैंने प्यार लिखा/मन में/रसभीने ख़्वाबों की/यादें गीली हैं/जिसे है/दिन दुनिया लगती/बेहद/सपनीली चढ़कर/उत्सव-त्योहार लिखा।" अपने दाम्पत्य प्रेम की अभिव्यक्ति में ऐसा खुलापन अन्य किसी कवयित्री में नहीं है। वे कलात्मकता और इन्द्रिय-संवेद बिम्बों के रचाव और विन्यास से गीतों में व्यक्त प्यार की अभिव्यक्ति बड़ी सहजता से करती हैं।

यह/के/पंखों पर प्रेम-गीत लिखने की जिस प्रवृत्ति का यशोधरा राठौर ने 'उस गली के मोड़ पर' के गीतों में इज़हार किया था, वह धारा वहीं समाप्त नहीं हो जाती, बल्कि आगे भी, अब भी जारी है। जिसमें वही केदारनाथ अग्रवाल जैसा ही कुण्ठाहीन खुलापन है, क्योंकि उनका मानना है कि–"जितनी गयीं छिपायी/बातें उतनी मुखर हुईं/अर्थ भरा करती हैं बातें/कभी न मरती हैं/बातों के अन्दर से बातें/फूटा करती हैं/संसद से बातें फ़ुटपाथों/तक हैं पसर गयीं।" यशोधरा राठौर के वर्तमान संग्रह में भी अनेक उद्दाम प्रेम-गीत हैं जिनमें यथार्थवादी खुलापन है, जो उनकी विरल उपलब्धि है–"सुन, तुम्हारे/भरे होंठों का/मधुर संवाद लूँ/होंठ से/झरती निरन्तर/बूँद अमरित की/हो रही संगीत की धुन/अग्रसारित-सी/सुन चहकते नयन का/संवाद लूँ।"

9

जैसे-जैसे देश और समाज प्रगति कर रहा है, वैसे-वैसे हमारे सामाजिक और पारिवारिक सम्बन्ध और प्रेम की परिभाषा एवं तरीक़े भी बदल रहे हैं। आज स्त्रियों की दुनिया केवल घर-परिवार तक सिमटी नहीं है। आज के पुरुष वर्ग के साथ जीवन-संघर्ष में बराबर की हिस्सेदार और उद्यमी बन गयी हैं। घर में पति और बच्चों की देखभाल करने के साथ-साथ बाहर कम्प्यूटर और इंटरनेट पर काम करती, प्रशासनिक पद सम्हालती, न्याय और क़ानून व्यवस्था सँभालती, अध्यापन करती,

व्यापार करती, संविधान बनाती, दफ़्तर की फ़ाइलें सम्हालती कामकाजी महिलाएँ बन गयी हैं। इस प्रक्रिया में उनके पास अपने पति या प्रेमी से जी भर के प्रेम करने के लिए पर्याप्त अवसर का अभाव रहता है। इन्हें सिर्फ़ छुट्टी के दिन ही घर-परिवार के साथ जीने का वक़्त मिलता है। जिस दिन छुट्टी होती है, उस दिन को वह पूरे मन से उत्सव की तरह जीना चाहती हैं। ऐसे समय में उनके प्रेम के इज़हार का तरीक़ा भी बदल जाता है। प्रेम की इस बदली हुई संवेदना को यशोधरा राठौर ने अपने एक गीत में पूरी ईमानदारी से चित्रित किया है–"खुली देर से आँख/आज तो छुट्टी का दिन है/रही देर तक सोयी/आज न जाना दफ़्तर है/कई दिनों के बाद मिला/मनचाहा अवसर है/अंग-अंग को भिगो रहा/खुशबू का सावन है/जी भर स्नान करूँगी/अपने स्वप्न सहेजूँगी/बहुत दिनों के बाद गीत/छपने को भेजूँगी/खोजूँगी/रख दिया कहाँ/आया आमन्त्रण है/नहीं करूँगी याद/आज मैं दफ़्तर की बातें/नहीं करूँगी याद कि किसने/कीं कितनी घातें/घर के भीतर महक रहा/ख़ुशियों का चन्दन है/कई दिनों के बाद/पेट भर खाना खाऊँगी/पति से चुहल करूँगी/बच्चों से बतियाऊँगी/रंगों की थापों पर/नाच रहा मन है।" इस गीत में प्रेम का माधुर्य अप्रत्यक्ष, किन्तु जीवन-संघर्ष की मद्धिम ऊष्मा से लबरेज है और किसी किशोर वय की या युवा स्त्री का बरसाती नदी-सा उफनता उद्दाम प्रेमाख्यान नहीं है, वरन् एक कामकाजी प्रौढ़ महिला के जीवन-संघर्ष का प्रेमाख्यान है। यह आज की कामकाजी स्त्री के अनुभवसिद्ध, बड़वानल और जठरानल की भाँति, अन्तर्वर्ती प्रेम की अदृश्य संवेदना है। जहाँ तक मेरी जानकारी है उसके अनुसार इस स्त्री-संवेदना को विषय बनाकर यशोधरा राठौर के अलावा एक गीत सिर्फ़ कीर्ति काले ने ही लिखा है।

10

ऐसी बात नहीं है कि यशोधरा राठौर के गीतों में सिर्फ़ मध्यवर्गीय निराशा, कुण्ठा, संत्रास, घुटन, अजनबीपन, सम्बन्ध-विघटन, महानगरीय यान्त्रिकता, मूल्यहीनता, मृत्युबोध, अस्तित्व-संकट जैसे नकारात्मक जीवन-मूल्यों की ही अभिव्यक्ति हुई है, उनके गीतों से आशा, संकल्प, जिजीविषा और साहस के स्वर को भी सार्थक अभिव्यक्ति मिली है। वे अन्धकार को चीरकर फैल रहे उजाला को भी अपने गीतों में सार्थक अभिव्यक्ति देने में सफल रही हैं–"फिर नये उल्लास से/वनफूल मुस्काये/सहज मुँदती आँख में/नवस्वप्न अँखुआये/कौंध यादों में रहा/फिर-फिर मिलन पहला/कोहरे को चीर कर/सूरज नया निकला" या "सूखी मिट्टी के/सीने में छिपी नमी होती/नहीं रोशनी की तलाश में/कभी कमी होती/कोंपल फूटेगी ही/हर पौधे की शाखों में/अब भी कुछ सपने/तिरते हैं मेरी आँखों में।"

यशोधरा राठौर के गीतों की बनावट और बुनावट की सबसे बड़ी विशेषता यह है कि उनके छोटे-छोटे चरणों वाले छन्दों में ढले गीत गौरैये-से फुदकते और बुलबुल की तरह चहकते दृष्टिगोचर होते हैं। अपनी सहज रवानी और तरल संगीतात्मक प्रवाह के कारण उनके गीत पाठकों की संवेदना के साथ अत्यन्त ही सहज ढंग से एकरूप हो जाते हैं। उनके गीतों की रागात्मक संवेदना और रससिक्त अनुभूतियाँ पाठकों को बिल्कुल अपनी-सी महसूस हो तो कोई ताज्जुब नहीं होना चाहिए। मुझे पूरा विश्वास है कि यशोधरा राठौर की सघन संवेदना के ये सहज गीत संवेदनशील पाठकों और गम्भीर अध्येताओं को समान रूप से पसन्द आयेंगे तथा उन्हें सुकून और प्रेरणा देने में कामयाब होंगे।

नचिकेता

आनन्द विहार

बहादुरपुर हाउसिंग कॉलोनी,

पटना-800026

मो. : 09835260441

यातनाओं के शिविर से

गीत आत्मपरक आन्तरिक अनुभूति होती है जिसकी कोमलकान्त पदावली में कल्पना प्रबल हृदय की भावुक अनुभूतियों एवं कलात्मक सौन्दर्य बोध के साथ छन्दों में प्रस्तुत होती है, जिसमें रस, छन्द, अलंकार एवं कल्पना की उड़ान ही उसकी श्रेष्ठता के मानक बिन्दु होते हैं। गीतों की परिधि प्रेम, मिलन, विरह या शृंगार तथा प्रकृति के चित्र द्वारा उत्पन्न रससागर आनन्द की अनुभूति तक ही सीमित माने जाते हैं। इसके विपरीत नवगीत में नवता एवं गीतात्मकता के द्वारा यथार्थवादी समकालीन परिवेश में व्याप्त विषमता, विद्रूपता, विरूपता, विसंगति एवं विघटन से सम्बन्धित कथ्य के साथ आम आदमी के जीवन संघर्ष और उससे गुज़रते हुए शोषण, उत्पीड़न, त्रासदी का मार्मिक स्वरूप एवं वास्तविक चित्रण किया जाता है, साथ ही उसकी जिजीविषा का प्रस्तुतीकरण न्यूनतम शब्दों और लघुत्तम छन्दों में पैनी, मारक एवं धारदार अभिव्यक्ति के साथ होता है जिसमें आक्रोश, प्रतिरोध तथा प्रतिकार की भावना निहित होती है।

नवगीत की संवेदनशीलता सहज ग्राह्य तो होती ही है प्रतिरोध और प्रतिकार का वातावरण भी निर्मित करती है और आम आदमी के मन में क्रान्ति की अवधारणा का बीजारोपण करती है। इस सन्दर्भ में यदि डॉ. यशोधरा राठौर के गीत-नवगीत अर्धशती पूर्व के लोकगीतों से लेकर आज तक के नवगीतों के विकास क्रम को सम्पूर्णता से स्वयं में समेटे हुए हैं जो अगले सोपानों पर निरन्तर क़दम रखते हुए कोमलता से खुरदुरेपन की ओर अग्रसर हैं जिससे उनके भविष्य के महान नवगीतकार होने का परिचय मिल जाता है। डॉ. राठौर के सृजन में गेयता एवं नवता दोनों के रागात्मक प्रसंगों के साथ नूतन संवेदना की सृष्टि होती दिखाई पड़ती है, जिसके अर्थवान बिम्बो में मर्मस्पर्शी चेतना वर्तमान है। नवगीत : 'नयी दस्तकें', 'धार पर हम', नवगीत का लोकधर्मी सौन्दर्य-बोध, 'शब्दायन : दृष्टिकोण एवं

प्रतिनिधि', 'गीत-वसुधा', 'नयी सदी के नवगीत', 'समकालीन गीतकोश', 'नवगीत के नये प्रतिमान' आदि संकलनो में उनकी उपस्थिति गीत-नवगीत के उज्ज्वल भविष्य हेतु आश्वस्त करती है।

डॉ. राठौर के नवगीतों में अनुभूतियों की व्यापकता कथ्य, कहन और शिल्प की नूतनता तथा भाषाई ताज़गी उनकी सृजनशीलता की दक्षता का प्रतिफल है जो व्यष्टि से समिष्टि की ओर अग्रसर प्रतीत होती है। उन्होंने किसी विशिष्ट वाद अथवा किसी मठाधीश का आश्रय नहीं लिया है, बल्कि उनके स्तरीय नवगीतों ने सभी नवगीतकारों को सहज ही आकर्षित किया है, यह सत्य है। यहाँ यह उल्लेखनीय होगा कि चाहे उल्लास और उत्सव की भावभूमि हो अथवा आम आदमी की त्रासद परिस्थितियों का ज्ञापन हो, आत्मपरक हो अथवा समाजपरक उनके नवगीत कथन एवं कहन में एक अनोखी रागात्मक कशिश पैदा करते हैं। उनकी मर्मस्पर्शी संवेदनशक्ति,भाव की अनुगामी शब्द-योजना, सरसता, सहजता एवं सरलता के साथ स्वाभाविक सम्प्रेषण को एक नयी पहचान देते हैं। यह भी प्रशंसनीय है कि उन्होंने आलोचना एवं सम्पादन के क्षेत्र में भी अपनी बहुमुखी प्रतिभा का उत्कृष्ट परिचय दिया है; जिसके प्रमाण स्वरूप उनकी आलोचना पुस्तक 'किशोर : संवेदना और अनुभूति', 'व्याकरण तरंग-भाग 6' एवं 'व्याकरण तरंग-भाग 7' श्रम सौन्दर्य का साधक एवं साठोत्तरी गीत संग्रह 'गीत वसुधा' जैसी पुस्तकों के सम्पादन में सहयोग किया है। यशोधरा राठौर के गीत संग्रह–'उस गली के मोड़ पर', 'पृथ्वी कहते हैं लोग उसे', 'जैसे धूप हँसती है', 'भरेंगे परवाज़ के परवान अक्षर' और अब–'वनपाखी उतरे पहाड़ से' उन्हें देश के श्रेष्ठ नवगीतकारों की पंक्ति में खड़ा करते हैं।

वस्तुतः व्यष्टि से समिष्टि की ओर उन्मुख रचनाकार की रचना जब तक उसके अन्तर्मन में सृजन की प्रक्रिया के अन्तर्गत क्रियाशील रहती है तभी तक उसकी निजता परिलक्षित होती है। पूर्ववर्ती मोहक गीत आज भी मानवीय संवेदना को जाग्रत करते हैं जो साहित्य की निधि कहलाते हैं। कविता केवल विचार नहीं है क्योंकि विचार संवेदना उत्पन्न करने में नितान्त असमर्थ है। जब वे भावना के रस में पगते हैं तभी कविता का स्वरूप ग्रहण करते हैं नवगीत भी केवल असमर्थता, पराजय बोध, त्रासदी और परिवर्तनों का रुदन नहीं है–यह डॉ. यशोधरा राठौर की रचनाओं को पढ़कर स्वतः ज्ञात होता है। उनके सृजन में नवगीत की यथार्थता के साथ गीत की ख़ुशबू भी वर्तमान है जो उनकी लोकप्रियता का आधार है। इस चाक्षुष सृष्टि में

इन्द्रियातीत कुछ भी नहीं है। रचनाकार एक कैमरा है, कैमरा लेंस की गुणवत्ता पर आधारित होता है। प्रतिबिम्ब जितना सूक्ष्म एवं यथार्थ के निकट होगा गीतकार की अनुभूतियों का फलक उतना ही विशाल होगा और वह दूर-दूर तक की छवि को अपने कैमरे में समेट सकेगा। यह उसकी अपनी दृष्टि ही है कि वह कितनी गहराइयों तक देख पाता है।

इसमें कोई सन्देह नहीं कि डॉ. यशोधरा राठौर की दृष्टि अत्यन्त व्यापक एवं अनुभूतियाँ सूक्ष्म हैं, जिनमें विस्तार व गहराई दोनों ही है, जिसकी रागात्मक चेतना जेठ में मधुमास की सृष्टि करती है, जो उल्लास, उत्साह और आशा का संचार कर जीवन को सार्थक कर देने की अद्‌भुत क्षमता रखती है।

प्रेम, सौन्दर्य एवं सूक्ष्म अनुभवों के माध्यम से यशोधरा राठौर अभिव्यक्ति को नये आयाम देती हुई जीवन के कटु अनुभवों की ओर कब मुड़ जाती हैं पता ही नहीं चलता। शोषण, उत्पीड़न, दुख देने वाले जीवन के संघर्ष, आम आदमी की हताशा, पराजय बोध, करुणा को साकार करते हुए इनके गीत जनजातीय जीवन में आये हुए बदलावों एवं उससे उत्पन्न विडम्बनाओं की ओर भी सख़्त संकेत देते हैं जो उनके अन्तर्मन में द्वन्द्व की तरह चलते रहते हैं।

डॉ. यशोधरा राठौर ने नवगीत का गहराई से अध्ययन किया है और वे भली-भाँति समझती हैं कि नवगीत के दायरे अब सीमित नहीं रह गये हैं। अब उसमें वर्तमान सभी प्रकार के विमर्श सम्मिलित हो गये हैं उसमें दलित, मज़दूर, स्त्री, आदिवासी से लेकर आम आदमी की समस्याएँ एवं जीवन संघर्ष भी सम्मिलित हो चुके हैं, जिसमें नयी कविता की विचारशीलता, दोहा की संक्षिप्तता, ग़ज़ल की कहन एवं गीत की गेयता भी शामिल है। वह उपेक्षित, शोषित, उत्पीड़ित एवं गरीब तबके के आम आदमी का प्रबल पक्षधर बन चुका है। यशोधरा राठौर के गीतों में भी आम आदमी एवं जनजातीय जीवन की त्रासदी स्पष्ट दिखाई देती है,जो कहीं-कहीं ठोस खुरदरी चट्टान तो कहीं कँटीली झाड़ियों की तरह दिखाई देती हैं, जो हमें लहूलुहान कर देने की क्षमता रखती है। वर्तमान सामाजिक विषमताओं, विघटनो, विद्रूपताओं, विसंगतियों और विडम्बनाओं के साथ ही मूल्यों के क्षरण एवं जीवन संघर्ष में प्रक्षिप्त जिजीविषा भी पाठकों का ध्यान आकर्षित करती है।

डॉ. राठौर के विषय में श्रीनिवास शर्मा जी कहते हैं कि–"यशोधरा की दृष्टि युगबोध से जुड़ी हुई है परिवार के बिखराव, रिश्तों में कड़वाहट, सम्बन्धों में नाटकीयता, सामाजिक विकृतियों, विरूपताओं तथा असमानताओ को भी इनके

गीतों में अभिव्यक्ति मिली है। दरअसल यशोधरा जी ने जीवन के कड़वे अनुभवों को गीतों में पिरो कर मानवीय संस्पर्श प्रदान किया है एवं बासी हो चुकी नैतिकता, प्रकृति परिवेश, जीवन के तनाव और सामाजिक विसंगतियों पर उनकी पैनी दृष्टि गयी है। उनके गीतों में उपलब्ध प्रतीक शहद और आम आदमी के आसपास ही मिलते हैं जो सहज ग्रहणीय है इसी प्रकार इनके बिम्ब भी स्पष्ट और सरल हैं जिनका अर्थ अविलम्ब प्रकाशित हो जाता है।"

यशोधरा राठौर के सृजन में प्रसाद गुण भी वर्तमान है जिसका अर्थ है कि इनके गीतों का तात्पर्य अथवा कथ्य तुरन्त प्रकाशित हो जाता है जिससे पाठक को माथापच्ची नहीं करनी पड़ती जबकि अनेक गीतकारों के दुरुह प्रतीक, बिम्बों एवं देशज शब्दों के अधिकाधिक प्रयोग के कारण उनके गीतों को समझ पाना मुश्किल होता है। समाज के प्रत्येक वर्ग की परिस्थितियों के मार्मिक तत्त्वों को उन्होंने अपनी अनुभूति के दायरे में समेटा है। प्रकृति से जुड़े रहने एवं उससे सर्वाधिक स्नेह रखने के कारण उन्होंने अपने अधिकांश कथ्यों को प्रकृति के माध्यम से ही सम्प्रेषित किया है। डॉ. राठौर ने जीवन की यथार्थगत अनुभूतियों को अपने गीतों में बड़ी ईमानदारी के साथ प्रस्तुत किया है चाहे वह व्यक्तिगत हो अथवा समाजपरक।

इस क्रम में उन्होंने नवगीत के वांग्मय को विस्तार दिया है। यह बड़ी ख़ास बात है कि अपने श्रृंगारिक गीतों द्वारा उन्होंने यह सिद्ध किया है कि नवगीत में श्रृंगार वर्जनीय नहीं है परन्तु उसमें कल्पना और वायवीयता का अतिरेक नहीं होना चाहिए। लधुतम छन्दों एवं न्यूनतम शब्दों में यथार्थपरक गीतों में उन्होंने अपनी अनुभूतियों से सारगर्भित श्रृंगार को महत्त्व दिया, जिससे एक महत्त्वपूर्ण विषय उपेक्षित होने से बचाया जा सके।

वस्तुतः डॉ. यशोधरा राठौर के गीतों में जहाँ प्रकृति का उद्दाम संगीत हमें उसमें डूबने-उतरने और उसके बहाव में बह जाने को विवश कर देता है, जिसकी जीवन्तता से उनमें बहुआयामी प्रतिभा के दर्शन होते हैं परन्तु उनका नवगीतात्मक अन्तर्मन अधिक देर तक राग रंग की दुनिया में नहीं टिक पाता और वे पुनः आम आदमी की पीड़ा से जुड़ जाती हैं।

झारखण्ड के लोकप्रिय साहित्यकार व प्राध्यापक डॉ. गिरधारीराम गौंझू ने अपने वक्तव्य में इसकी पुष्टि की है–"यशोधरा जी ध्वनि की ही धनी नहीं हैं रंगों और रेखाओं से भी इनकी कला काव्य की भाषा बोलती है। इनकी कविताओं में इनके शब्दों से जो बिम्ब बनते हैं वह इनकी चित्रकला से भी आगे निकल गयी प्रतीत

होती है। अमूर्त भावों को मूर्तरूप में परिवर्तित करने की कला इनमें सहजात है। यह कविताएँ लिखती नहीं रचती हैं। इनकी हर रचना में एक नये आयाम का विश्लेषण होता है जो इनकी जादुई प्रतिमा को उद्‌भाषित करता है। नवगीत में इस प्रकार का प्रयोग महान गीतकार महादेवी वर्मा की याद दिलाता है।"

गीत नवगीत की दुनिया में यशोधरा राठौर प्रखर और यशस्वी बनी रहें, यही मेरी शुभकामना है।

मधुकर अष्ठाना
विद्यायन 108/109
सेक्टर-एल .डी. ए. कॉलोनी
कानपुर रोड, लखनऊ-226012
मो. : 9450447579

माँदर की थाप और वंशी के स्वर

गीत नहीं यह, झारखण्ड का सामगान है
इनकी साँसों में है, नये सृजन की हलचल
धड़कन में हैं रचे-बसे, वंशी और मादल

बाँसुरी की तान और माँदर की गूँज से 'वनपाखी उतरे पहाड़ से' काव्य-कानन के कपाट खुलते हैं। इसके अन्तर कानन में आदिम रागों में रचे गीतों के छन्द हैं।

कहते हैं–"Face is the Index of Mind" यह इसे ही चरितार्थ करते हैं।

सौभाग्य से कविहृदया यशोधरा राठौर झारखण्ड में आकर पूर्णत: रच-बस गयी हैं। यहाँ की प्रकृति का सौन्दर्य, संस्कृति का माधुर्य, आदिम निवासियों के निश्छल, सरल, संगीतमय, श्रमपूर्ण जीवन ने उन्हें विमोहित किया है तो सम्पन्न झारखण्डी माँ की विपन्न सन्तानों की दुर्दशा, दयनीय स्थिति, बेचैनी, दरिद्रता, अशिक्षा, आतंक, विस्थापन, पलायन, बेदखली, बेरोज़गारी, शोषण, अन्याय की व्यथा-कथा से वह पूर्णत: विचलित हो उठी हैं। इनकी इसी अन्तरंग पीड़ा में आदिम नृत्य संगीत की बाँसुरी और माँदर पर किसी की बुरी नज़र लग गयी जो कालान्तर में बिम्बों में प्रतिध्वनित हुई है।

यशोधरा जी ध्वनि की ही धनी नहीं हैं, रंगों और रेखाओं से भी इनकी कला काव्य की ही भाषा बोलती है। इनकी कविताओं में शब्दों से जो बिम्ब बनते हैं, वह इनकी चित्रकला से भी आगे निकल गयी प्रतीत होती है। एक अमूर्त भाव को मूर्त्त भाव में परिणत करने की कला इनमें सहजात है। यह कविता लिखती नहीं,रचती है। इनकी हर रचना में एक नयी आयाम का विश्लेषण छुपा रहता है जो कविता कहने की कला से अधिक जादुई प्रतिभा को उद्‌भासित करता है। छोटी-छोटी पंक्तियों से भी, दो-तीन शब्दों में ही अद्‌भुत बिम्बों का सृजन हुआ है, इस संकलन में। जो कभी कवि हृदय को कहीं आह्लादित करता है तो कभी मानवीय संवेदना के सूखे

स्रोत में प्रवाह भी उत्पन्न करने में सक्षम है। रचना की वेदना कवयित्री के सहृदय में स्थानान्तरित में भी सफल है।

कवि सहृदय ही नहीं होता वह भावुक भी होता है। तभी सृष्टि की सुन्दरता, सृजन का विनाश, जीवन की मधुरता, समाज की विसंगति, मानवीय मनीषा का जड़ हो जाना रचनाकार के काव्य-कानन में कलियाँ प्रस्फुटित करता है। काव्यानुरागी कविता कली में अपनी अन्तर्दृष्टि से रंगों की, सुगन्धों की और अद्भुत सौम्य स्वरूप की संगति पाते हैं। कविता कहने की चतुराई नहीं है, बिम्बों और प्रतीकों से एक से अनेक भावों के संसार का सृजन भी होता रहता है काव्य में।

इतिहास लौकिक युग से वैदिक युग के उद्भव का संकेत करता है। लोकगीत ही संस्कारित होकर वेदों की ऋचाओं के सामगान में परिणत हुए हैं। इसके अनेक प्रमाण लौकिक और वैदिक मन्त्रों की ध्वनियों के अर्थ साम्य में भी दिखाई देते हैं।

झारखण्ड की अप्रतिम नैसर्गिक सुषमा प्रकृति के कण-कण में व्याप्त है। यहाँ के आदिम माटी की सन्तानों ने जिस आदिम भाषा, लोकसाहित्य, लोकसंगीत, लोकसंस्कृति एवं लोककला का सृजन किया है वह सदैव बाहर से आने वालों को आकर्षित करता रहा है। यहाँ का आदिम साम्यवाद का जीवन-दर्शन इनके सामूहिकता, समरसता, शान्तिप्रियता, अन्याय के प्रति उलगुलान, सहिया मदइत की सामाजिक शोषण मुक्त व्यवस्था, प्रकृत धर्म, आडम्बरहीन जीवन और बाँसुरी, माँदर आदि इनके लोकजीवन के अनिवार्य गहने हैं। सब कुछ ये आदिम जनों ने प्रकृति से, समरसता से सीखा है। जैसे प्रकति चेतन-अचेतन में भेद नहीं करती यहाँ कोई ना ऊँच है ना नीच, ना कोई छूत है ना अछूत, ना कोई चाण्डाल है ना म्लेच्छ। यहाँ गाँव की अखरा जतरा में राजा-प्रजा, धांगर गोमके (सेवक-स्वामी), महिला-पुरुष, बच्चे-बूढ़े, युवा एवं बालाएँ ऋतु आधारित राग, लय, ताल में, नृत्य-संगीत में हर रात डूब जाते हैं। यहाँ की धड़कन में रचे-बसे हैं वंशी और माँदर का सामगीत। इनके बिना इनके जीने की कल्पना नहीं की जा सकती। इनके प्राण तो इन्हीं में बसते हैं। युवा चरवाहे जंगलों में बाँसुरी बजाते अपने गाय बैल चराते हैं। अपने हृदय में मचलते प्रेम को वंशी की धुन में पिरोकर पूरे वनप्रान्त को गुंजायमान कर देते हैं। रात्रि में इनके माँदर दूर चलते राही को गाँवों की दूरी बता देते हैं। ये लोकसंगीत, राग, नृत्य, वाद्य आदि सभी आदिमकाल से यथावत चले आ रहे हैं। मेहनत और ईमानदारी से कमाने-खाने, नाचने-गाने व बजाने वालों का स्वर्ग इसी धरा पर उतर आता था। आज शोषक समूह ने इनके माँदर और बाँसुरी से भी इन्हें विस्थापित कर दिया है जो अखरा-जतरा इनके नृत्य-संगीत का केन्द्र था वही इनका काबा और

काशी था। वहाँ अब किसी गैर का ठौर बन गया है। इनका अखरा मसना (श्मशान) सा वीरान हो गया। यह पीड़ा कवयित्री को उद्वेलित करती है। इनके नृत्य स्थलों में आतंकवादी, उग्रवादी, माओवादी, आत्मघाती लोगों का क़ब्ज़ा हो गया है। यहाँ इनके धर्मों के नगाड़े बजते हैं, इनके स्टेनगनों की गोलियों के ढाक बजते हैं। सुरंगों में दबाये बारूद के विस्फोट से माँदर-बाँसुरी कब के गुम हो गये हैं।

इनकी बंसी और माँदर में अब घुन लग गये हैं जो कभी पूरे आदिम समाज को एक में जोड़ कर रखता था। आधुनिकता के विकास के वैश्वीकरण के धनपिशाचों ने इनके प्राण तत्त्व ही लूट लिए। इनके सरगम में प्रतिरोध के स्वर भी गूँजते हैं। अब आदिम समाज को अपना अस्तित्व बचाने के लाले पड़ गये हैं। ऐसे में कवयित्री चिन्तित है कि इनकी वंशी और इनके माँदर फिर कभी लौट कर आ पायेगे कि नहीं। यह तो सपने में भी इस विपरीत परिस्थिति में सम्भव प्रतीत नहीं होते। ऐसी घोर निराशा के गहन गह्वर में ये कविताएँ शायद बाँसुरी माँदर बनकर इनके हृदय की वाणी को रागों में पिरो देना चाहती हैं। इनके लुटे हुए संसार में मधुर संगीत को पुनर्जीवित करने की आशा जगाती हैं।

कवयित्री आदिम संगीत के स्थान पर नये युग का जो कोलाहल संगीत का आक्रमण हो रहा है या कहना चाहिए अपना अधिकार स्थापित कर लिया है, उसमें बचे हुए आदिम जातियों को न आनन्द, न उमंग, न उत्साह, न उल्लास का स्पर्श तक नहीं होता। ऐसा प्रतीत होता है, इस फ्यूजन संगीत में माँदर-बाँसुरी हमेशा के लिए विलुप्त हो गये। अब झारखण्ड में ना वह सखुवा के वन रहे, न बादल आते, न गरजते, न बरसते और न मोर पंख फैलाये मनोरम नृत्य करते दिखते हैं। इनकी प्रकृति इतनी बदल गयी है। हरे-भरे जंगल ख़त्म होते जा रहे हैं और कंक्रीट के पहाड़ खड़े हो गये हैं।

जिन आदिम समाज के होंठों से अमृत से गीत झरते थे, जिनसे पूरा गाँव दोलायमान होता था इनके अखरा के किनारे इमली के पेड़ों की शाखाओं से छन कर चाँद-तारे युवा नर्तकों के साथ उतर आते थे।

संग्रह की कविताएँ उन पर भी प्रकाश डालती हैं जो गाँव छोड़कर जंगलों और पहाड़ियों के बचे खोहों में नक्सली बनकर जा छिपे हैं।

ऐसे आतंक के परिवेश में झारखण्ड ही नहीं यहाँ की हवा भी घायल है। अब वायु में इन बारूदी दुर्गन्ध से मुक्ति पाने के लिए वह भी छटपटा रही है। ऐसे हैवानों के समक्ष समरसता, सामूहिकता, जनतन्त्र की बात करना अन्धों की आँखों में काजल लगाना ही समझा जायेगा।

झारखण्ड का स्वप्निल संसार का आवरण ऐसा तार-तार हो गया है कि इसमें सुधार ला पाना या उसकी मरम्मत कर लेना सम्भव नहीं रह गया है। यह समस्त संत्रास इन कविताओं में खुलकर सामने आये हैं। झारखण्डियों की चमकती आँखों के सपने टूट कर शीशे की तरह बिखर गये हैं जिसे अब किसी भी हालत में समेटा नहीं जा सकता। इनके होंठों से जो मुक्त हँसी छनछनाते हुए गीतों के स्वर सुनाई पड़ते थे वह जाने कितना विद्रूप हो गया जिसे किसी ने कभी सोचा तक नहीं था। पतझड़ के जंगल हैं झारखण्ड के वन। बसन्त के आने से पूर्व प्रकृति सारे हरे पत्तों को पीले हल्दी के रंग से रंग कर सरहुल व फगुआ के निमन्त्रण तेज़ वायुदूत से भेजते थे। बसन्त का न्योता प्रकृति बाँटती थी। कवयित्री की ये कविताएँ ज़माने से सवाल पूछती हैं।

आदिम मानव ने जंगलों के मध्य अपने पारम्परिक गाँव बनाये पर आज उन गाँवों में परदेसियों के पाँव जम गये हैं। अपने ही घर में कोई परदेसी बनता है क्या? पर झारखण्ड का वर्तमान सत्य यही है। आदिम पारम्परिक गाँव एक सम्पूर्ण आत्मनिर्भर गाँव हुआ करता था। भिन्न जाति, भाषा, धर्म, पेशा, सेवा के लोग एक साथ रहते थे। किसी प्रकार का कोई भेदभाव नहीं था। सहिया और मदइत (सहयोग) का मन्त्र जो स्थिर था। इनके गीतों में, इनके अखरा में सभी भाषा के गीत, राग, लय, ताल साथ-साथ सुनाई देते थे पर वैश्वीकरण का भूत इनकी पहचान, इनकी भाषा, संस्कृति, कला, लोकसाहित्य सब कुछ दफ़न कर देने को तुला हुआ है। इनके गाँव विश्वगाँव के कण में ज़मींदोज़ हो गये हैं। पारम्परिक गाँवों में जो सामगान का सामूहिक नृत्य-संगीत चलता था वह कंकरीट के जंगलों और पहाड़ों में परिणत हो गया है। आधुनिक आवासों से होकर गुज़रने वाली हवा भी जालिमों की भाँति व्यवहार कर रही है। जाति, धर्म के बँटवारे में आदमी को आदमी ने ही ग़ुलाम बनाकर रख दिया है। पशु से भी गये गुजरे इनका जीवन हीनता का शिकार हो गया।

यूरोपवासियों ने दुनिया की बहुत सारी संस्कृतियों को नष्ट कर डाला। यही स्थिति आज झारखण्ड में भी हो गयी है। बचेखुचे आदिम जन महानगरों में रहने वालों के लिए रेजा, कुली, आया, दाई, नौकर, नौकरानी, मंगरा, बुधनी बना कर रख दिये गये हैं। ऐसे में उनके तन, मन, धन और स्वाभिमान की लूट जारी है। ऐसे में निराशा में कहीं से आशा की एक किरण इन्हें दिखाई नहीं देती। इनके प्रेम के जोड़े फागऊ और चाँदों के प्रतीक कब के बिछड़ गये, लुट गये कि इनकी प्रेम की कथा बीच में ही अटक गयी। इनके प्रीत के गीत होंठों के अन्दर कैंद हो गये। इनके नैनों में प्रेम के सपने के ताले लग गये। इनके चेहरे की चमक बदरंग हो

गयी। इनका प्रेम पूर्ण जीवन मधुआ गया। समय कितना प्रतिकूल हो गया कि अब तो रोशनी अन्धकार से भयभीत है। अब न जंगल बचे, न जंगल को आबाद रखने वाले आदिम जन, न घर का आँगन बचा, न आँगन में किलकारी सुनाई पड़ती है, न गाँव के अखरा में गाँव की धड़कन सुनाई देती है, न वंशी रही, न माँदर के बोल। सपनों के कोठे जो सँजोये थे कब के धूल-धूसरित हो गये। ना सपनों का गाँव रहा, न प्यार के सपने रह गये।

यशोधरा राठौर अज्ञानी और निराशा में भी आशा की उम्मीद पाली हुई हैं। पुनः प्रकृति की गोद में लौट आना इनका परिवर्तन होगा। नये कल में नया सवेरा होगा, उस प्रभात में नयी मिठास होगी। पूर्व की भाँति रूप, रस, गन्ध की वर्षा होगी जिसमें पुनः सभी पूरी तरह से निमंजित हो जायेंगे। प्रीत की जो खेती बंजर में की गयी थी अब उस आख्यान को पुनः पनपने ना दो। हम फिर नये प्रीत की नयी कहानी लिखेंगे। हम नये चमकते साखू के पत्तों पर नये सपनों के गीत रखेंगे। आँखों से जो कभी दूर ना ले जाये वो तराने हम गायेंगे। पहले की तरह ग्रामवधू अपने आँचल के एक कोर को अपने दाँतों में दबाये माथे पर टिकाये रहेगी। उसका दामन भीगा रहेगा प्यार से सदा।

सच पूछा जाये तो वर्तमान जीवन में आम आदमी संसद से सड़क तक सभी जगह छले जाते रहे हैं। यहाँ की वायु में बारूद की गन्ध भरी हुई है। दुनिया बारूद की ढेर पर बैठी अपने अन्तिम समय की प्रतीक्षा कर रही है, तभी स्वतन्त्रता से हम साँस भी नहीं ले पाते हैं। निर्मम हवाएँ झूठे आश्वासन की तरह आती हैं।

काव्य संकलन में जो शब्द, जो ध्वनि, जो भाव इन्होंने प्रतिबिम्बित किया है, उसने इनके अन्तर की व्याकुलता को मूर्त कर दिया है। अनुशीलनकर्ता कविता के बहाने कवि हृदय के अन्तरंग के कोने-कोने से अभिभूत हो जाता है।

'वनपाखी उतरे पहाड़ से' में वन का विनाश, पहाड़ का पंख लगाकर उड़ जाना, पंछी का कहीं पता न चल पाना, यह बिम्ब है इस संकलन की मूल संवेदना का। सृजन का बीज अंकुरित होता है। यहीं से काव्य-कानन का नया द्वार खुलता है।

इस अनुपम कृति काव्य-कानन सृजन के लिए यशोधरा जी सदैव चिरस्मरणीय रहेंगी और इसे बनाये बचाये रखने के लिए अभिनव सृजन के रंग भरती रहेंगी। रेखाओं की ध्वनि ही काव्य की आत्मा है। अनेक साधुवाद ऐसा कवि कर्म कभी विराम ना पाये। इत्यलम-जोहार।

पद्मश्री डॉ. गिरधारीराम गौंझू

संवेदना और विसंगति का रसायन

यशोधरा राठौर। आधुनिकता और अस्तित्व के जीवन-मूल्यों को परोसने वाली कवयित्री। पूर्ववर्ती संकलनों रचना-दृष्टि के विकास का ऐसा ही आधार। वस्तुपरकता और समाज-सापेक्षता इनके नवगीतों की विशेषता। राजनीतिक विसंगति, स्वातन्त्र्योत्तर मनुष्य की आकांक्षाओं की टूटन और ग्रामीण जीवन की संवेदना इनके रचनाधर्म का अंग है। प्रस्तुत संकलन 'वनपाखी उतरे पहाड़ से' में उक्त विशेषताओं के साथ इन्होंने बिल्कुल नया और जेनुइन विषय चुना है। समकालीन लेखन में जिन विमर्शो की चर्चा है उनमें आदिवासी विमर्श अत्यन्त ही ज्वलन्त है। कथा-साहित्य में तो विभिन्न कोणों से उसे परखने का प्रयास किया गया है। इस परख में कहीं-कहीं तो इसकी आत्मा ही मर गयी है। आलेखों में तो कतिपय लोगों ने इतना टें-टें किया है कि नफ़रत की इबारत से वातावरण लाल हो गया। यशोधरा ने उनके जीवन को स्वच्छ और सही दृष्टि से निरख़ने का प्रयास किया है। इसलिए उनका यह संग्रह संवेदना और विसंगति का रसायन बन गया है।

इस संग्रह में संकलित नवगीतों को निम्नलिखित कोटियों में विभक्त किया जा सकता है–

1. आदिवासी जीवन : परम्परा और परिवेश के गीत
2. गार्हस्थ जीवन के स्वस्थ रूमानी भाव के गीत
3. अस्तित्ववाद और मुक्त आसंग की पश्चिमी अवधारणा से हटे गीत
4. लोक चेतना के गीत
5. नारी की पीड़ा के गीत

आदिवासी जीवन : परम्परा और परिवेश के गीत

लेखिका की दृष्टि में परम्परा का अर्थ श्रृंखला में जकड़ जाना नहीं। उसकी दृष्टि में परम्परा 'पर' से परे होती है। श्रेय से भी श्रेयतर। यह ना भूत है ना भविष्य। यह

हमारा नित्य नूतन वर्तमान है। सदैव साध्य। यह आचार का अनुशासन है। इसलिए कि सत्य और निष्ठा के साथ विचार को जड़ ना होने दे। परम्परा किसी वाद या विचार से मनुष्य को नहीं बाँधती। काल के साथ निरन्तर चलने वाले विचारों में मनुष्य बँध जाता है। वह मनुष्य के सिर पर स्वतन्त्रता की छतरी फैलाये रखती है। अर्थात् निरन्तरता में उसका विकास होता है। इस विकास में वह परिमार्जित होकर वैज्ञानिक परिवेश से विलग नहीं होती। दूसरे शब्दों में परम्परा मूल्य है परिवेश, आधुनिकता। वर्तमानता। इस तरह लोक चेतना आंचलिकता, प्रकृति, परिवेश, रहन-सहन, वेशभूषा, साहचर्यबोध, उत्सव, पर्व-त्यौहार, जड़ों की पहचान, जंगल, ज़मीन, पानी और पर्वत, टोना-टोटका, लोक विश्वास आदि आदिवासी जीवन की परम्परा और मूल्य है। पश्चिमीकरण, शहरीकरण, यन्त्रीकरण, आदिवासी नारी की स्थिति, पीड़ा, विस्थापन, नक्सली आतंक, अस्तित्व दर्शन, विसंगति, विद्रूप, छलना, प्रपंच, विखंडन, राजनीतिक यथार्थ आदि उसके जीवन का आधुनिक परिवेश है। कवयित्री ने इन सब का गहराई से चित्रण किया है।

यशोधरा झारखण्ड की आदिवासी प्रकृति को मुग्ध होकर निरखती है। इन भोले-भाले वन्यप्राणियों के जीवन को महसूसती हैं। इस जीवन की सम्पूर्णता की अनुभूति जब उनके स्वर से फूटती है तो गीत नहीं झारखण्ड का सामगान बन जाती है। झारखण्ड की सुबह उन्हें वनमानव की तरह चहकती हुई दृष्टिगत होती हैं। सद्य: पहाड़ से आँगन में उतरती हुई धूप। पूरे घर के मन में एक स्वप्न जगाती हुई। एक चित्र–

वनबेला सी महक रही
है धूप सुबह की
बिटिया के गालों
को हौले चूम रही है
लहराती फ़सलों से
मिलकर झूम रही है
हर चूहे में दहक रही है
धूप सुबह की

बिटिया के गालों को चूमती हुई धूप। यहाँ धूप की लाली और बिटिया के गालों का गुलाब अपनी तदाकारिता में जिस ललछौंही रंजना का भाव भरता है वह स्थान विशेष के प्रति कशिश से भर देता है। इसी तरह चूल्हे में सुबह की धूप का दहकना जीवन में रोज़मर्रा की शुरुआत और संघर्ष की ओर इंगित करता है।

आंचलिकता स्थानीयता का प्रक्षेपण है। उसके जीवन-दर्शन में स्थानीय विशेषताओं के प्रति रूमानी भाव होता है। यशोधरा झारखण्ड की पर्वतमाला पर छायी काली धुन्ध की परत को चीरकर ढलते सूरज के सुनहरे तारों का जाल निरखती हैं। समूचा वातावरण उनके ह्रदय में कुछ इस तरह उतर जाता है–

फिर नये अन्दाज़ में
चहके सगुन पाखी
गुनगुनाने लगे भँवरे
भजन पद साखी
ओस कमसिन दूब
से थी मन रही बहला
और पुरवाई रही
हर फूल को सहला
सहज मूँदती आँख में
नवस्वप्न अँखुवाए
कौंध आँखों में रहा
फिर मिलन पहला

नवगीत मूलत: भारतीयता के बोध की कविता है। नवगीत में भारतीयता का ऐतिहासिक दस्तावेज़ निहित है। पुराकालीन संस्कृति को अर्वाचीन क्रियाकलापों से जोड़ देने का प्रयास है। नवगीतकारों ने भारत की ऐतिहासिक और सांस्कृतिक चेतना को रूपायित किया है। ऐतिहासिकता से तात्पर्य भारत का बहुविध परिवेश है। यशोधरा ने अपने नवगीतों की सम्पूर्णता में ऐतिहासिक घटनाओं, पुराकथाओं, मिथकों आदि का समावेश किया है। सांस्कृतिक चेतना उनके नवगीतों की पहचान है। संस्कृति के माध्यम से वे भारतीय एवं भारतीयता की पहचान करती हैं। जातीय विशेषता उनके नवगीतों का उज्ज्वलतम केन्द्र बिन्दु है।

इस संग्रह में संस्कृति का अभ्युदय, साहित्य, कला, धर्म, दर्शन, नीति, ज्ञान आदि की कहीं स्पष्ट तो कहीं सांकेतिक समवेत रूपात्मक अभिव्यक्ति हुई है। आदिवासी समाज की सांकेतिक चेतना उसका जातीय बोध और आंचलिक भावाधिकता उसकी पूँजी और सच्चा धन है। उसकी अस्मिता की बागडोर भी वही है। आदिवासी समाज की साँसें जंगल की हवा से चलती हैं। जंगल, जल, पहाड़ ही उसका जीवन है। इन्हीं के साथ उनके जीवन का सांस्कृतिक परिवेश विस्तार पाता है। अनेक स्वार्थी तत्त्वों की कुदृष्टि और आधुनिकीकरण के चलते जंगल कट रहे हैं। संस्कृति दरक

रही है। यशोधरा कहती हैं–

झारखण्ड के जंगल
का जादू टूटा है
एक अनोखा पीलापन
उतर पेड़ों पर जिसे
गिलहरी निरख रही
रुक कर मेंड़ों पर
नदी पार की हलचल
का जादू टूटा है
अथवा
नहीं जंगल की तरह
लग रहे जंगल
पक्षियों का गूँजता
कलख नहीं है
हरेपन की सुरक्षा
सम्भव नहीं है
बिना बरसे ही
गुज़रते रहे बादल

कवयित्री आदिवासी जीवन, जो भारतीय जीवन का ही एक अंग है। उसका अपने नवगीतों में प्रतिनिधित्व करती है। इस तरह उसके गीतों में राष्ट्रीय जीवन की अस्मिता समाई हुई है। आदिवासी समाज के पूर्वजों की स्वस्थ परम्पराएँ, जीवन प्रणालियाँ उन्हें विरासत में मिली हैं। कवयित्री ने इसे नज़दीक से अनुभूत किया है। आदिवासी समाज का विश्वास आज भी उस विरासत पर क़ायम है। वे अपना सर्वस्व उस मनोनुकूल विरासत पर न्यौछावर करने को तैयार रहते हैं। इसमें उनके समाज के कतिपय शिक्षित, विशिष्ट और सामान्य सभी आते हैं। उनकी विरासत में अधूरापन, खिन्नता और निराशा है। परम्परा और मूल्यों के टूटने की पीड़ा है।

दुखते वर्तमान को
हम किस तरह जिएँ
झारखण्ड के सपनों
को किस तरह सिएँ
दीख रहे इसके

चेहरे के रंग उड़े
और पाँव के हैं
सारे नाखून मुड़े
सज़ा इसे मिलती है
बिना गुनाह किये

कवयित्री आदिवासी जीवन की परम्परा, परिवेश, मूल्य, उत्सव, पर्व-त्यौहार, लोकविश्वास आदि के कहीं बदलते परिवेश को प्रस्तुत करती है तो कहीं उसके हर्ष उल्लास को भी। भोले आदिवासियों की जिजीविषा का एक चित्रण–

अधरों पर हर पल
मुस्कुराहट है
रिश्तों-नातों में
गरमाहट है
घायल कभी ना
हुए अँगूठे हैं
अपने जिनसे
कभी न रूठे हैं

गार्हस्थ जीवन के स्वस्थ रूमानी भाव के गीत

सौन्दर्य के प्रति आकर्षण, प्रेमानुभूति, मानव संस्कार में निहित मनोदशाएँ नवगीत के कथ्य के अंग हैं। नवगीत इन्हें मनोरंजन, मानसिक विकृति का साधन नहीं मानता। वह इनका आदर्शीकरण कर आध्यात्मिक दर्शन भी नहीं बनाता। इन्हें यथार्थ जीवन का आवश्यक तत्त्व मानकर स्वीकार किया गया है। इसलिए सौन्दर्य का चित्रण नवगीत में हुआ है। कहीं वह प्रकृति का सौन्दर्य है। कहीं मानवी। यह चित्रण यशोधरा ने बड़ी ही कुशलता से किया है।

सुन्दर यथार्थपरक। अतिशयोक्ति से अलग। अनलंकृत। कवयित्री की प्रेमभावना प्रिय की हँसी में हँसी का अर्थ गुनती है। इस अर्थ में उसकी दुनिया आबाद होती है। हृदय में छाये गहरे अन्धकार का आतंक समाप्त हो जाता है। प्यार की धूप खिल जाती है। आने वाले कल के लिए मीठे सपनों का ताना-बाना बुनने लगती है, मानव की मनोदशाओं के ऐसे चित्रण कवयित्री ने यथार्थ के धरातल पर अनेक स्थानों पर किये हैं। सामाजिक सन्दर्भों के बीच प्रेमानुभूति का प्रस्फुटन उसके नवगीतों में मानव की जीवनी शक्ति को गतिशील और क्रियाशील बनाने वाला होता है–

तुम्हें पाकर चाहती हूँ
मैं अधिक जीना
चाहती हूँ नदी बनकर
फिरूँ समतल में
सींच दूँ पूरी धरा
कोनेह के जल से
बनूँ ठण्डी रात में
मैं गर्म पश्मीना

आदिवासी मन कितना भोला निश्चल है। जीवन को आस और माधुर्य भाव से जीने की उद्दाम आकांक्षा रखता है। यहाँ सभी रोमांस असामाजिकता कामासक्ति। अश्लीलता की सीमा तक पहुँचने वाली शारीरिक आसक्ति के लिए रंच मात्र गुंजायश नहीं है। कवयित्री ने इस प्रेमानुभूति को स्वस्थ मानवी प्रेमानुभूति में देखा है। आँखों की टकराहट का आकर्षण तन में मदिर कसमसाहट पैदा कर देता है। अनजानी पुलक उतरने लगती है। इन्द्रधनुषी चाह की निर्झरी झरती है। सप्तवर्णी गन्ध से साँसों में समाने लगती है। प्रकृति के स्वजन के साथ ही नयी प्यास उगती है। ऐसी प्यास जो अधर पर पतरा गयी। कवयित्री कहती है–

प्यास उगकर
अधर पर पतरा गयी
फूटने कोंपल
लगी है चाह में
औ त्वरा मरने
लगी उत्साह में
चाहतों की हर
छुअन गरमा गयी
क्या कहूँ मैं भी
हरी कुछ हो गयी
प्यार की गुनगुनाहट
में खो गयी
और आँखों की
चमक महुआ गई

अद्भुत संवेदना प्रस्तुत हुई है। प्रतीक कुछ ऐसे कि मन आह्लादित हो जाता है। प्यास अधर पर पतरा गयी। प्यास अपने चरम तक आहिस्ता-आहिस्ता दहती रही। हर दहक की नियति क्षीयमान होना है। आहिस्ता-आहिस्ता वह दहन क्षीयमान होकर कृष हो गया। कृष होकर भी शेष है। यह एक ऐसी प्यास है, जो आँखों में महुआ का रस बन चमक रही है। महुआ का यह रस आँखों में चमक रहा है। हिरन की नाभि में कस्तूरी की तरह। नायिका इस रस को पाना चाहती है। यह रस तो ग्रीष्म की चमकती दोपहरी का पानी बन गया है।

यशोधरा की प्रेमानुभूति प्रतीक्षा और आस की संवेदना में ही नहीं फूटती। वह प्रकृति के सौन्दर्य के साथ हुलास बनकर भी निकलती है–

मैं हूँ तुम हो
और हवा है सोचो
यहाँ नहीं अब तक क्या है
पेड़ों में फूटी
कोंपल है
खेतों में हँस
रही फ़सल है
लहालोट हो रही
जबा है

होंठों पर
मुस्कान मधुर है
खनकीं चूड़ी
और नूपुर है
फिर मौसम
रच रहा ऋचा है

इसके अतिरिक्त इन भावबोधों के अनेक चित्र अनेक कोणों से, अनेक ढंग से, कवयित्री ने खींचे हैं। इन्हें संग्रह के; 'हँसो ज़रा तुम', 'मन के कोने में', 'बोल तुम्हारे हैं', 'सम्मोहन सा आना', 'उलझी गाँठें खोल रही', 'पास गयी हूँ मैं', 'मीत तुम्हारे साथ', 'सोने की तैयारी में', 'अक्षर बनोगी', 'स्वर बनोगी', 'याद तुम्हारी', 'दुनिया बदल गयी' आदि नवगीतों में देखे जा सकते हैं।

अस्तित्ववाद और मुक्त आसंग की पश्चिमी अवधारणा से हटे गीत

कहते हैं आधुनिकतावाद की सैद्धान्तिकी का नाम अस्तित्ववाद है। नवगीत में आधुनिकताबोध अनिवार्य है। सभी प्रकार की जीर्ण-शीर्ण सामाजिक, धार्मिक रूढ़ियों से मुक्त। वैज्ञानिक एवं भौतिक दृष्टि प्रेरणास्रोत। आधुनिकता का अर्थ पाश्चात्य पूँजीवादी, साम्राज्यवादी देशों में उत्पन्न आधुनिकतावाद नहीं। पाश्चात्य भौतिक सभ्यता की विकृतियों को ग्रहण करना आधुनिकतावाद नहीं अन्धानुकरण है। हमारी जीवन दृष्टि वैज्ञानिक और बौद्धिक होनी चाहिए। नवगीत पर अति यथार्थवाद, अस्तित्ववाद, धनवाद, दादावाद, प्रवृत्तिवाद आदि का प्रभाव नहीं है। लोकतान्त्रिक भावना, समाजवादी चेतना को मानवतावादी धरातल पर नवगीत ने स्वीकार किया है। यह सब भारतीय परिवेश की सीमा में ग्राह्य है। कवयित्री ने आधुनिकता और अस्तित्ववाद की मूल सैद्धान्तिकी का परिमार्जन कर उसे भारतीय परिवेश में मानवीय कुण्ठा और आन्तरिक पीड़ा के रूप में ग्रहण किया है। उसने मनोवैज्ञानिक जुगुप्सित अन्तश्चेतनावाद और सम्बन्धहीन सम्बन्धों की स्वीकृति के विरुद्ध मानवीय भावनाओं का निरूपण किया है। उसकी लेखनी से फूटे गीतों में गहरा मानसिक द्वन्द्व है। जीवन के रंगीन सपनों को बुनने का, सपनों की पालों पर उड़ने का। फिर उसके टूटने के द्वन्द्व का–

सीली लकड़ी
धीरे-धीरे अन्दर
सुलग रही
दबी रही जो बात न
खुलकर अब तक कही गयी
अक्षत चन्दन फूल सजे
पूजा के क्षेने में
दिन बदला
ऋतुएँ बदलीं
पर बातें वही रहीं
बदलीं सुबह शामें बदलीं
पर रातें वही रहीं
फिर भी दुनिया गयी नबर जी
स्वप्न पिरोने में

प्रेम का यह सम्बन्ध उत्पन्न हो जाता है। मन के भीतर गहराई से बैठ जाता है। वर्जन और श्रृंखला काम नहीं देती। इसलिए यशोधरा कहती है–फूलों के खिलने की गवाही नहीं दी जाती। आँखों के मिलने की मुनादी नहीं की जाती। ओस तो दूब के बदन भिगोने कोने में तल्लीन रहती है। इसलिए मानस में द्वन्द्व तो होगा ही। उड़ने से पहले से छिटक कर पंखों के गिर जाने का द्वन्द्व। हँसी की चाहत पर आँखों में कातरता। कातर मन से जीने की मजबूरी। डर, ज़िन्दगी का साँसत हो जाना। यानी संत्रास। कितना संवेदन और सहानुभूति से भरा स्वर–

उड़ने के पहले ही
दूर गिरी पाँखें
हँसना चाहा लेकिन
हँसी नहीं आँखें
क्यों जीना है मजबूरी
साँसत डर में

यह संत्रास अस्तित्ववादी दर्शन का नहीं। अन्त का राग भाव है जो अजाने उत्पन्न हो जाता है। इस पर सामाजिक परम्परा, आचार-विचार की वर्जना का डर है। कवयित्री ने रिश्तों की टूटन, घुटन का भी चित्र खींचा है। यह भारतीय परिवार में मूल्यों की टूटन का दुख है। रिश्तों का अहसास है। संयुक्त परिवार की मर्यादा के सामने लगा प्रश्नचिह्न है। इसकी दरकन का दर्द है। यह कहीं भी सेक्स की भूख से उत्पन्न अमर्यादा की विवृति नहीं है। आदमी के भीतर नैतिकता का क्षरण है। आपसी सम्बन्धों में स्वार्थ का मुखौटा है। इसीलिए सम्बन्ध अपनी अर्थवत्ता खो रहे हैं–

कई कई चेहरे
पहने हैं राम यहाँ
बदल गयीं संज्ञाएँ
बदली है परिभाषा
बदल गयीं दिल के
मिलने की हर आशा
अर्थहीन सम्बन्ध हुए
बदनाम यहाँ

लोक चेतना के गीत

यह संग्रह मूलत: लोक चेतना का संग्रह है। कवयित्री ने इसमें लोक के विविध पक्षों का चित्रण किया है। आदिवासी मानव वैसे भी लोक का ही अंग है। उनके जीवन

के वातावरण में अंचल विशेष का परिवेश रूपायित होता है। संग्रह इनके साथ ही लोक के व्यापक और विभिन्न आयामों को अपने में समेटता है। यह संग्रह लोक से संपृक्त और जनजीवन की ऊर्जा से ऊर्जस्वित है। लोक के विविध पक्षों यथा भौगोलिक, ऐतिहासिक, धार्मिक, सांस्कृतिक, सामाजिक स्वरूपों को प्रस्तुत करने में कवयित्री ने विशेष सफलता प्राप्त की है। उसने आदिवासी जीवन की समस्याओं, कठिनाइयों, विसंगतियों और दुख-दर्द को बारीकी से उकेरा है। लोकमानव गाँव से शहर की ओर जाता है। अपनी आर्थिक स्थिति को मज़बूत करने के लिए। वहाँ वह अजनबी हो जाता है। उसे अपना परिवेश याद आता है। लोक जीवन का मधुर एहसास बिखरने को मज़बूर करता है–

सुनो शहर में रहते
रहते मैं हूँ ऊब चुकी
सुबह-सुबह चिड़िया की
मीठी चहक ना मैं सुन पाती
बेला चम्पा सोनजुही की
महक न गुन पाती
एक जगह पर रही खुदी
चलती हूँ बुझी बुझी

संग्रह में कवयित्री ने इस तरह के अनेक प्रसंग प्रस्तुत किये हैं।

यथार्थबोध और विसंगतियों के गीत

नवगीत जीवन के भोगे और जले हुए यथार्थ की कविता है। इसका यथार्थ समाज का यथार्थ है। इस संग्रह में शोषित, पीड़ित, निम्न मध्यमवर्गों को और निम्न वर्गी आदिवासी समाज के आर्थिक, राजनीतिक, सामाजिक दुख-दर्द की प्रामाणिक अनुभूतियों की बोलचाल वाली भाषा में अभिव्यक्ति हुई है। पूँजीवादी अर्थव्यवस्था पर आधारित वर्ग विभक्त समाज की पीड़ाओं का कोई अन्त नहीं है। सत्ता के लोलुप राजनीतिज्ञ कोढ़ में खाज की तरह उसके घाव को निरन्तर बढ़ाते जा रहे हैं। इस दर्दनाक परिवेश में जीना आसान नहीं है। इन भयावह स्थितियों और दुस्सह पीड़ा का बखूबी चित्रण यशोधरा ने किया है। उसने गाँव के जीवन की विसंगतियों, नगरों एवं महानगरों के अकेलेपन, अजनबीपन, भीड़ और शोर औद्योगिक सभ्यता के परिणाम स्वरूप उत्पन्न प्रदूषण, बदबू, यान्त्रिकता की त्रासदी को अभिव्यंजित किया है–

इसकी आँखों में
छाया है दहशत की
क्षण-क्षण बीत रही है
किसी क़यामत सी
अब तक इसने
धुआँ ज़हर दुर्गन्ध पिए

कवयित्री ने आदिवासी समाज और उसके स्थानों पर झुग्गी-झोंपड़ियों की जगह उठने वाली बहुमंज़िली अट्टालिकाओं के चित्र भी प्रस्तुत किये हैं। यह चित्र आदिवासी समाज का ही नहीं तेज़ी से उजड़ते गाँव की भी गाथा है–

कुहरे की चादर ओढ़े
क्यों सुबह हुई
रिश्तों से ग़ायब
मिठास किस तरह हुई
जींस शर्ट में हम
आँचल की बात करें
आँगन बाँटा गया
कई दीवारों से
आँखें चकरातीं
ऊँची मीनारों से
मयखाने में
गंगाजल की बात करें

गाँव और आँचल जो सहयोग, सहिष्णुता और एक-दूसरे के सुख-दुख में हिस्सेदारी करने वाला था। वहाँ अपनापन कुण्ठा और तनाव में खो गया है। अब घर बँटकर आँगनहीन हो गये हैं। बचपन की किलकारियों के रस की यादें कौंधा करती हैं। अपनापन भौंडे प्रदर्शनों और पैसों की चाकचिक्य में खो गया है। घरों के सामने तुलसी तो है, शाम के दीप नहीं जलते। घी की जगह तेल के दीए कहीं-कहीं दिखाई पड़ जाते हैं। समय के इस विद्रोह और बदलाव को यशोधरा ने मार्मिकता से प्रस्तुत किया है–

सोच कर हैरान हूँ
कैसा समय है

आदमी की खो गयी
पहचान सारी
और गिरवी हो गयी
साँसें हमारी
हो रहा संवेदना का
त्वरित क्षय है

राजनीति ने आज जीवन के प्रत्येक क्षेत्र को गहराई से प्रभावित किया है। धर्म, दर्शन, विज्ञान, कला और साहित्य कोई भी उसकी मार से अछूता नहीं। उसने जीवन की दिशा को प्रत्येक क्षेत्र और पहलू में बदल दिया है। इसके प्रभाव के कारण जीवन के मानदण्ड तेज़ी से बदलते जा रहे हैं। राजनीति का सन्दर्भ आज क्रान्ति, हिंसा, अहिंसा, गांधीवाद, समाजवाद, जनतन्त्र, जाति-प्रथा, साम्प्रदायिकता आदि नहीं रह गया। क्रान्ति की समग्रता, विदग्धता को आज आतंक और दुस्साहसिकता पूर्ण दस्युवृत्ति ने आत्मसात कर लिया। परपीड़न का बहुउद्देशीय दृष्टिकोण अपनाकर हिंसा गौरव और गरिमा की वस्तु बन गयी। अहिंसा ने कोने में मुँह छुपा लिया। राजनीति के इस छल और आतंक को यशोधरा स्वर देती है–

संसद से सड़कों तक
छले गये हैं हम
यहाँ हवा में है
बारूदी गन्ध भरी
और हुआ है मौसम
को भी सुनबहरी
बन गाँवों के अन्धी
गली गये हैं हम

स्वार्थों की बाढ़ ने अपना उल्लू सीधा करने और शतरंज के मोहरे बिछाकर विपक्षी को मात देने की राजनीति को प्रश्रय दिया है। बदले हुए मुखौटे करनी और कथनी के अन्तर को ढकने के लिए चादर तान रहे हैं। सेवा और सामाजिकता का आधार कुर्सी बन गयी है। वोट और तिकड़म की राजनीति रह गयी है। समाज का ढाँचा चरमरा कर टूट रहा है। व्यक्ति उसका ग्रास बनकर पिस रहा है। राजनीति की इस स्थिति ने सामाजिकता और समाज के ढाँचे को छिन्न-भिन्न कर दिया है।

कवयित्री इन स्थितियों को बेबाकी से प्रस्तुत करती है–

यहाँ हर होंठ
पर चिपकी हुई
मुस्कान नक़ली है
यहाँ जो दिख रही असली
नहीं वह चीज़ असली है
यहाँ आँगन नहीं बँटते
हुए घर बार लगते हैं
ज़रूरत में नहीं कोई
किसी का
साथ देता है
करो विश्वास जिस पर
वही बस आघात देता है
लगाते ज़ख़्म पर मरहम
मगर अंगार लगते हैं

उत्तर-आधुनिकतावाद के छल, प्रपंच और विखण्डन उक्त पंक्तियों में मुखर हो उठे हैं। कवयित्री नक्सली आतंक को भी अभिव्यंजित करती आदिवासी परिवेश का चित्र खींचते हुए कहती है–

क्यों ना पाखी की
चहक पड़ती सुनाई
लता वृक्षों में नहीं
क्यों आशनाई
गूँजता बस दरिन्दों
का क़हक़हा है
प्यार के अहसास
कम होने लगे हैं
आदिवासी नृत्य
गुम होने लगे हैं
ख़ौफ़ में जंगल नहीं
सिर तक रहा है

यशोधरा आधुनिकताबोध की कवयित्री हैं। इनके नवगीत पुरानी मान्यताओं से अलग हैं। पश्चिमीकरण के अन्धानुकरण को स्वीकार नहीं करतीं। इसीलिए उन पर चोट करती हैं–

बचाना होगा
वनों का हरापन
रोक पश्चिमी हवाओं
का आक्रमण
माँगती है मुक्ति अब
घायल हवा

कवयित्री जीवन के सांस्कृतिक स्त्रोत की ओर लौटना चहती है। मूल्यों की रक्षा के लिए प्रेरणा देती है–

जिन पन्नों में जीवन
का इतिहास लिखा है
आने वाले कल का
खिला उजास लिखा है
सीढ़ी दर सीढ़ी ही
छत पर चढ़ना होगा

नारी की पीड़ा के गीत

नारी युग-युग से साहित्य का महत्त्वपूर्ण कथ्य है। नवनीत में नारी ना रूमानी मांसलता की गुड़िया है, ना वासना की पुत्तलिका। वह एक ओर स्वस्थ गार्हस्थ जीवन की धुरी है तो दूसरी ओर संवेदना की प्रतीक। नवगीत की नारी ना प्रेम के सहयोग में प्रगल्भा है ना वियोग में उत्तप्त श्वासों से वनस्पतियों को जलाने वाली नायिका। वह करुणा की साक्षात प्रतिमूर्ति है। प्रेम मर सकता है। वासना मर सकती है। नहीं मरती है तो केवल करुणा। नारी विधाता की सर्वश्रेष्ठ कलाकृति है। इसे ज़रा भी खरोंच पहुँचाना कला और संस्कृति के एक अंग को नष्ट कर देना है। इसका अनुरक्षण भारत की महान संस्कृति और कला का अनुरक्षण है। इसीलिए कवयित्री नारी की देह का भूगोल नहीं गढ़ती। उसके जीवन की दैनन्दिनी क्रियमाणता को महसूसती है। उसकी साधना और पीड़ा से रूबरू होती है। भोले-भाले जीवन की ताड़ जैसी लम्बी यात्रा। झाड़-झंखाड़ जैसी उलझनें। पत्थरों के किवाड़ सी भारी-भरकम समस्याओं

के बोझ का पहाड़ ढोते। लोक की नारी की इंच-इंच कटती ज़िन्दगी के दर्द को कवयित्री महसूसती है–

नदी में लहरें
लहर में हलचलें हैं
प्यार से ही प्यार
में जाते छले हैं
वासना में नहीं
जो आनन्द में है

यशोधरा के इस संग्रह में संग्रहित नवगीत जीवन्त और गत्यात्मक बन पड़े हैं। नवगीतों का कथ्य सीधी-सादी जन भाषा में अभिव्यक्त है। मुहावरों और आम बोलचाल की गत्यात्मक शब्दावली मन को आकृष्ट करती है। अर्थ का गुह्यतम रूप प्रस्तुत करती है। सांकेतिकता और ध्वन्यात्मकता की प्रधानता उसके नवगीत की सादगी का सौन्दर्य है। 'अन्धों के आगे काजल की बात करें', 'मुश्किल हाथ की रेखाएँ', 'काली स्याही के परिणाम' जैसे अनेक मुहावरे लेखिका/कवयित्री ने प्रयुक्त किये हैं। मुहावरे गढ़े हैं। प्रचलित मुहावरे उठाये हैं।

संग्रह की सभी रचनाएँ प्रतिबद्ध, स्वायत्त और खुली हुई हैं। इन पर बाह्यारोपित सिद्धान्तों, वादों का दबाव नहीं है। नवगीत जनवादी भी है। राष्ट्रवादी भी है। संस्कृतिवादी भी है। हर स्थिति में और अप्रतिबद्ध।

गीतों की भाषा साफ़, बोलचाल वाली और सीधी अवश्य है किन्तु उसमें सपाटबयानी नहीं है। कवयित्री द्वारा प्रयुक्त बिम्बों की दृश्यता और गेयता मिलकर उसके नवगीतों को दृश्य-श्रव्य कला का रूप दे देती है। उसने अनेक प्रकार के बिम्बों का प्रयोग किया है जिनका वर्गीकरण इस प्रकार हो सकता है : यथार्थ बिम्ब, सांकेतिक बिम्ब, प्रतीकात्मक बिम्ब, सहज अलंकृत बिम्ब, गत्यात्मक बिम्ब, जीवन्त बिम्ब, संश्लिष्ट बिम्ब आदि। यथा–आज नदी में/घड़ियालों की बन आयी ज़्यादा, जड़ और तनों में/राह रोक कर/वक़्त अड़ा है। आना/पीलेपन सा/फूले अमलतास में/हल्की सी ठण्डक आती/जैसे बतास में/अन्धकार की नाव/नदी के बीच तरी है। काँच के खिलौने सी/टूट गयी धूप/आदि। इन बिम्बों की दृश्यमानता सहज ही आकृष्ट करती है।

यशोधरा के यह नवगीत लयात्मक प्रवाह में पढ़े जा सकते हैं। इनमें टेक और अन्तरा की अच्छी योजना है। कवयित्री ने दो या तीन पंक्तियों की टेक पद्धति का

प्रयोग किया है। छन्द छोटे हैं। लय का प्रवाह बनाते हैं। कवयित्री की अन्तरा योजना में नाद सौन्दर्य हृदयाग्राही है। इसमें घिसे-पिटे छन्द और अति परिचित सामान्य लयों के स्थान पर नये परिवर्तित छन्दों और लयों को आविष्कृत करने की अपार सम्भावनाएँ हैं। कवयित्री द्वारा छन्द और लय की यह नवता उसके और जन सामान्य के बीच वार्तालाप की स्थिति उत्पन्न करती है।

डॉ. इन्दीवर पाण्डेय

सा4/36 पी 3 आर बजरंगनगर कॉलोनी

दौलतपुर रोड, पाण्डेयपुर,

वाराणसी-221002

मो. : 8707301780

चित्र-चित्रावली

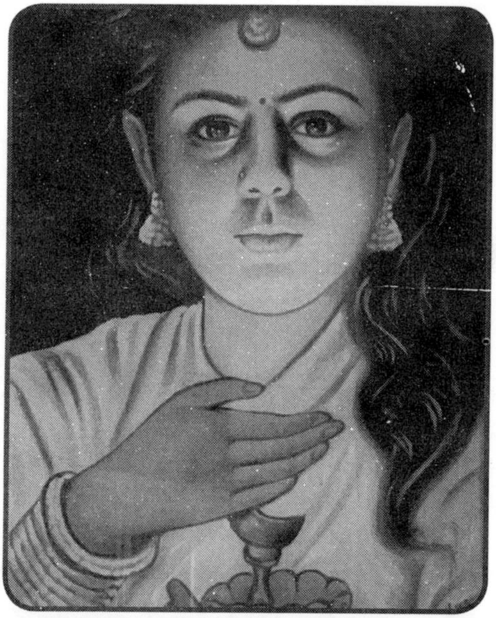

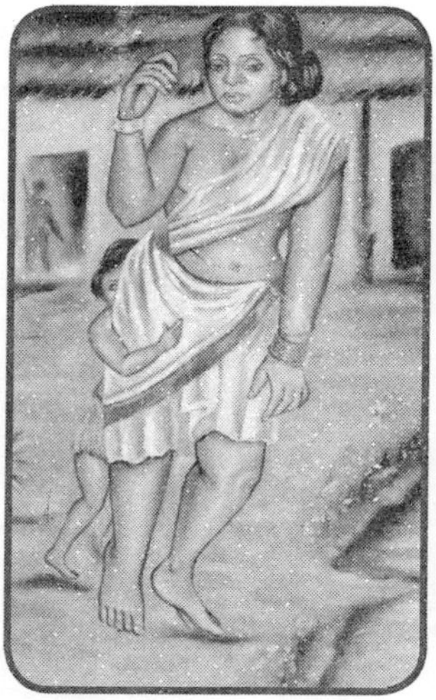

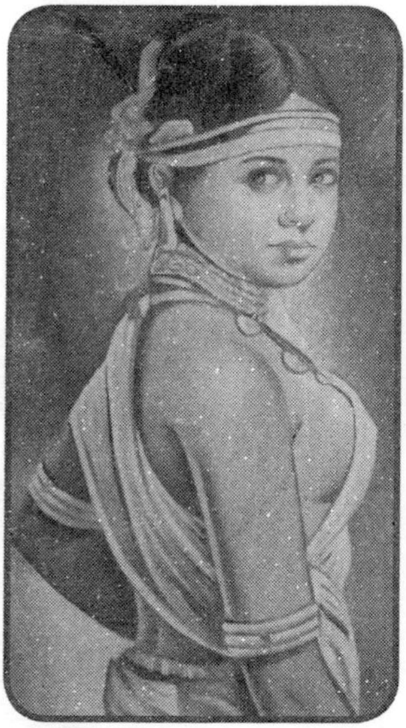

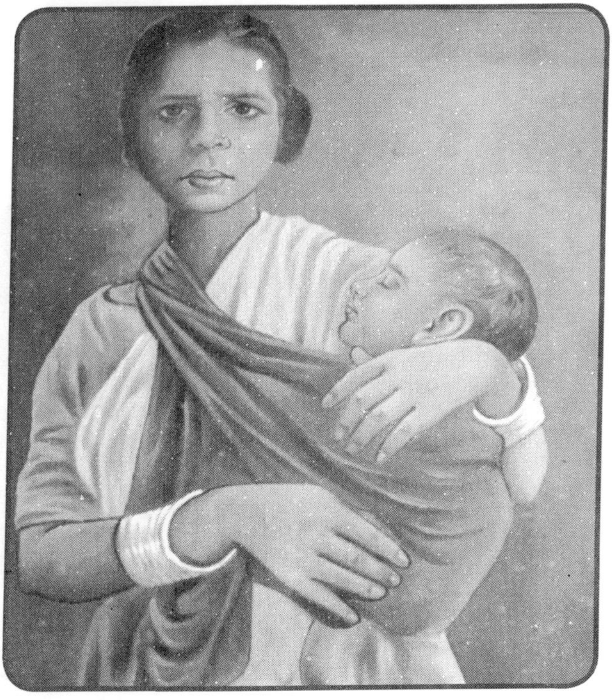

वनपाखी उतरे पहाड़ से

पहली उड़ान

गीत नहीं यह
झारखण्ड का सामगान है

इसकी साँसों में है
नये सृजन की हलचल
धड़कन में हैं रचे बसे
वंशी औ, मादल
यह सपनों के पंखों
की पहली उड़ान है

इसके लय छन्दों में
गन्ने की मिठास है
शब्द शब्द में घुला
सवेरे का उजास है
श्रमजीवी के चेहरे
का हरता थकान है

रंग गन्ध रस ध्वनि
परस का मधुर छन्द है
आदिम राग रचे
गीतों का सहज बन्द है
सात सुरों के कण्ठों
से झर रहा तान है

फूलों में रसगन्ध नहीं

पता नहीं क्यों
फूलों में रसगन्ध नहीं

जंगल में न रही
पहले सी हरियाली
खिले पलाशों के
अन्दर टुह टुह लाली
लता वृक्ष में
आत्मीय सम्बन्ध नहीं

पछुआ के झोंकों ने
इन्हें झकोरा है
अन्तरमन को तोड़ा
और मरोड़ा है
पाते हैं आकार सही
जड़ कन्द नहीं

विस्थापित वन से
हो रहे आदिवासी
जंगल ही जिनका था
काबा और काशी
हवा और जल रहे
यहाँ स्वच्छन्द नहीं

धूमिल रंग हुए
सरहुल और कर्मा के
खोये प्रेमगीत
वंशी से भरमा के
जीवन की कविता में
है लय छन्द नहीं

धूप सुबह की

वनवासी सी
चहक रही है
धूप सुबह की

अभी अभी उतरी
पहाड़ से आँगन में है
सपने बाँच रही पूरे
घर में मन में है
वनबेला सी महक रही
है धूप सुबह की

बिटिया के गालों
को हौले चूम रही है
लहराती फ़सलों से
मिलकर झूम रही है
हर चूल्हे में दहक रही
है धूप सुबह की

झीलों के सीने में
छिप गुदगुदी लगाती
मंजराई तुलसी से
जी भर कर बतियाती
हरी दूब सी लहक रही
है धूप सुबह की

बहुत हैरान हूँ

बहुत हैरान हूँ
आख़िर हो रहा क्या

क्यों न पाखी की
चहक पड़ती सुनाई
लता वृक्षों में नहीं
क्यों आशनाई
गूँजता बस दरिन्दों
का क़हक़हा क्या

क्यों हवाओं में
नहीं मिलती नमी है
जंगलों में भी
हरेपन की कमी है
घोल मौसम में रहा
विष अदहला क्या

प्यार के एहसास
कम होने लगे हैं
आदिवासी नृत्य
गुम होने लगे हैं
ख़ौफ़ में जंगल गया
पूरा नहा क्या

अब नहीं बहती

अब नहीं बहती
यहाँ चंचल हवा

रुद्ध पाखी की
हुई परवाज़ है
नहीं थिरकन
लताओं में आज है
प्रदूषण से हो रही
विह्वल हवा

बन्द वंशी की
सलोनी तान है
खो गयी गायब
हँसी मुस्कान है
लग रही भयभीत
सी मादल हवा

बचाना होगा
वनों का हरापन
रोक पश्चिमी हवाओं
का आक्रमण
माँगती है मुक्ति अब
घायल हवा

आओ मिलकर

आओ मिलकर हम
जंगल की बात करें

छला गया कितना
फूलों की गन्धों को
बन्धन कहा गया
सारे लय छन्दों को
अन्धों के आगे
काजल की बात करें

कुहरे की चादर ओढ़े
क्यों सुबह हुई
रिश्तों से गायब
मिठास किस तरह हुई
जीन्स शर्ट में हम
आँचल की बात करें

आँगन बाँटा गया
कई दीवारों से
आँखें चकरातीं
ऊँची मीनारों से
मयखाने में
गंगाजल की बात करें

खोया है अपनापन

खोया है अपनापन
कुण्ठा और तनावों में
प्यार नहीं मिलता है
अब सपनों के गाँवों में

बात बात पर रोना हँसना
वो ताने बाने
प्यार पिता ताऊ के
माँ के दिठियाने
सच्चा स्वर्ग मिला करता
था जहाँ अभावों में

घर का अंगना नहीं
नहीं किलकारी आँगन में
पर उनकी तस्वीरें बन
मिटती हैं तन मन में
खोया है अपनापन
पैसों और दिखावों में

तुलसी चौरा अब भी
केवल दिया नहीं अब है

घी की जगह तेल दीया
जलने से मतलब है
रहा कहाँ आराम भला
बरगद की छावों में

मिलकर गीत गायें

चलो मिलकर एक
अच्छा गीत गायें

गीत जिसको सुन
हवा अंगड़ाइयाँ ले
और बहती नदी
को गहराइयाँ दे
मुस्कुराते फूल
खुलकर चहचहायें

गीत जिसको सुन
पखेरू पर फुलाये
या उड़ानों के लिए
सपने सजाये
और मौसम का
हरापन गहगहाये

गीत जिसको सुन
थकन मिट जाये सारी
टूट जाये नींद की
तंदिल खुमारी
गीत जो हर दुखी
जन का दुख मिटाये

सोचकर हैरान हूँ

सोचकर हैरान हूँ,
कैसा समय है

आदमी की खो
गयी पहचान सारी
और गिरवी हो
गयीं साँसें हमारी
हो रहा संवेदना
का त्वरित क्षय है

रोशनी डरने
अँधेरों से लगी है
मुँह चिढ़ाने लगी
रातें अधजगी हैं
भेड़िए सा दिख
रहा आतंक भय है

खो गये हैं शब्द
के जब अर्थ सारे
और रिश्ते हो गये
हैं व्यर्थ सारे
काव्य से लगते
नदारत छन्द लय है

हाल हमारा है

चलते चलते लोग
पूछते हाल हमारा है

कैसे कहूँ हवा में
यह जो कानाफ़ूसी है
और फ़िज़ा में पसरी
हुई गहन मायूसी है
उनमें गूँज रहा हर
समय सवाल हमारा है

आज नदी में घड़ियालों
की बन आयी ज़्यादा
है भर गया खरोंचों से
दिन का चेहरा सादा
दुख सहने में मिलता
नहीं मिसाल हमारा है

अन्दर की दहकन हो
पर उभर रही धीरे
छिन्न भिन्न कर देनी
होंगी सारी जँजीरें

इसी वजह से दहक रहा
सुर ताल हमारा है

हम मजबूर हुए

हम मजबूर हुए
जीने के लिए हादसा

संकट में है समय
हवा में ज़हर घुला है
तेज़ाबों से अहसासों
का बदन घुला है
आसमान का रंग
हुआ नीला विषाद सा

पता नहीं क्यों छुईमुई
हो गया उजाला
जड़ा गया है इतिहासों
के मुँह पर ताला
और दर्द जम गया
ज़ेहन में तले गाद सा

सभी साज़िशों का
हल हमें ढूँढ़ना होगा
नये इशारे पाकर
नहीं ऊँघना होगा
आज़ादी का अर्थ
याद है नहीं याद सा

जंगल की तरह

नहीं जंगल की तरह
लग रहे जंगल

पेड़ सारे लग
रहे सोये हुए हैं
फूल पत्ते तने
कुछ खोये हुए हैं
हो गये ख़ामोश
वंशी और मादल

पक्षियों का गूँजता
कलरव नहीं है
हरेपन की सुरक्षा
सम्भव नहीं है
बिना बरसे ही
गुज़रते रहे बादल

गर्म साँसें ले
रहीं अब हवाएँ हैं
खो चुकीं पहचान
सारी लताएँ हैं
आदमी ने कर दिया
है इन्हें घायल

जंगल का जादू

झारखण्ड के जंगल
का जादू टूटा है
एक अनोखा पीलापन
उतरा पेड़ों पर जिसे
गिलहरी निरख रही
रुककर मेंड़ों पर
नदी पार की हलचल
का जादू टूटा है

हुई नहीं मौसम से
कोई बात मुझे फिर
साल रहा दोपहरी
का आघात मुझे फिर
वनफूलों के परिमल
का जादू टूटा है

इस पीड़ा का ज़िक्र
नहीं होगा अपनों में
और दर्द जायेगा
घुटनों में टखनों में
बजते वंशी मादल
का जादू टूटा है

तुम हो मेरे पास

तुम हो मेरे पास
मगर क्यों मन उदास है

स्वप्निल आँखों
सी लगती
मुस्कान तुम्हारी
महसूसो तो उष्ण
अधिक है साँस हमारी
तुममें डूबे होने
का क़यास है

सूने आँगन में
गौरैया चहक रही है
घर के पिछवाड़े
वन चम्पा
महक रही है
ये देखो चारों ओर
खिला रक्तिम पलाश है

आओ थोड़ा पास
लिपटकर हम बतियाएँ
सभी सहेजे शिकवे

और गिले बिसराएँ
पास बिछा हर
ओर चाँदनी
का उजास है

दे रही दस्तक

दे रहीं
दस्तक हवाएँ
मगर चुप हूँ

हवा है ठहरी
मगर बेचैन सी है
साँस में हर पेड़ की
कुछ आ फँसी है
झुलसती लू सी दिशाएँ
मगर चुप हूँ

लग रहा मौसम
खरोंचों से भरा है
समय का चेहरा
बहुत बिगड़ा डरा है
लवों पर कुछ बुदबुदाये
मगर चुप हूँ

तोड़ना घेरा पड़ेगा
यातना का
भले हो छाया हुआ
कुहरा घना सा
बदन मन का थरथराये
मगर चुप हूँ

किस तरह जिएँ

दुखते वर्तमान को
हम किस तरह जिएँ
झारखण्ड के सपनों
को किस तरह सीएँ

दीख रहे इसके
चेहरे के रंग उड़े
और पाँव के हैं
सारे नाख़ून मुड़े
सज़ा इसे मिलती है
बिना गुनाह किये

इसकी आँखों में
छाया है दहशत की
क्षण क्षण बीत रही है
किसी क़यामत सी
अब तक इसने धुआँ
ज़हर दुर्गन्ध पिये

इसे नहीं हासिल
सपनों का स्वाद हुआ
और नहीं सच्चाई

से संवाद हुआ
इसे छिपाकर सिर्फ़
न पद में रखिए

निरखो तुम

हरसिंगार का खिलना
ऐसे खुली आँख
से निरखो तुम

आज हवाओं में
रसवन्ती छुअन
नहीं मिलती
मगर रात भर है कनेर की
डाल रही हिलती
पर पलकों का गिरना
ऐसे खुली आँख
से निरखो तुम

कच्ची मिट्टी के
बर्तन से टूटे सपने
अभी हैं टूटे से
सम्मोहन अपने
दो आँखों का
मिलना ऐसे
खुली आँख
से निरखो तुम

सपनों के अलबम में
चित्र नये हैं टँके हुए
लेकिन इन चित्रों में
है कोलाहल अँके हुए
भरे ज़ख़्म का
छिलना ऐसे
खुली आँख
से निरखो तुम

बदलता रंग मौसम है

देखिए
कैसे बदलता
रंग मौसम है

फूल से ख़ुशबू
चुरा ली है हवाओं ने
ज़हर फेंटा गया है
सारी दुआओं में
लोकगीतों का बदलने
लगा सरगम है

क्रूर हैं आघात
पश्चिम की हवाओं के
नोच डाले पंख इसने
सभी सपनों के
क़हक़हों के होंठ से
झर रहा मातम है

छोड़कर लय छन्द
गीत जी न पायेगा
रहेगा वह गीत
जिसको समय गायेगा
सत्य पर हावी रहा
हर बार विभ्रम है

दिग्भ्रमित होने लगी है

दृष्टि निर्मल
दिग्भ्रमित होने लगी है

सुबह का हर रंग
फीका हो गया
और मुँह का स्वाद
तीखा हो गया
अस्मिता हर वस्तु
की खोने लगी है

उत्सवों में भी
नहीं उल्लास मिलता
धूल धक्कड़ से भरा
आकाश मिलता
दूरियाँ बढ़ती व्यथा
ढोने लगी है

आँख से सपने
अधर से हँसी गायब
और घर लगने
लगे हैं अब अजायब
ज़िन्दगी भी मुँह
छिपा रोने लगी है

बदला गाँव दिखा

आज मुझे
बदला बदला
हर गाँव दिखा

मिलने जुलने में
कोई उत्साह नहीं
ग्रामवधू दिखती
अब लापरवाह नहीं
मुखड़ों चेहरों पर
छाया अभाव दिखा

लोग दीखते सँभले
बेहद चौकन्ने
नहीं माँगने पर भी
मिलते हैं गन्ने
घर आँगन में लिपटा
खड़ा तनाव दिखा

होड़ लगी गाँवों में
खोने पाने की
फुर्सत बची नहीं

नाचने गाने की
नयी प्रगति का ख़ासा
टका जबाव दिखा

कई दिनों के बाद

बहुत दिनों के बाद
मिले हम तुम

रात दिवस की
तरह मिले हम
खिले फूल की
भाँति खिले हम
गन्ध लुटाते रहे
बन कस्तूरी
गुमसुम

मिले आँख से
सपने जैसा
हम अपनों से
अपने जैसा
सजी थालियाँ
हाथों में ले
अक्षत कुमकुम

मिले
अधर से
गहन प्यास में

गर्म साँस ले
गर्म साँस से
आसमान में
ज्यों चन्दा अंजुम

आँखों में ख़ामोशी

आँखों में ख़ामोशी
अधरों पर कोलाहल है
सन्नाटे में खोता जाता
एक एक पल है

किसे नहीं अच्छा लगता
रंगों का मुस्काना
रोज़ सुबह चिड़ियों का
उड़ना कोयल का गाना
बजी विनय के स्वर सी
मन्दिर की साँकल है

लोग न जाने क्यों
अपनापन बाँट नहीं पाते
उत्सव त्योहारों में भी
मातम सा जाते
शान्त पलों में हो
जाता मन चंचल है

गुत्थमगुत्था आवाज़ें
पहचानी नहीं गयीं

हर परिचय की सच्चाई
क्यों जानी नहीं गयी
इसीलिए ही हो जाती
दुविधा में हलचल है

एहसास है झीना

तुम्हें पाकर चाहती हूँ
मैं अधिक जीना

चाहती हूँ सुबह को
सजा लू मन में
रोप दू संवेदना के
पेड़ आँगन में
चाहती भर अंजुली
मैं चाँदनी पीना

चाहती हूँ नदी बनकर
फिरूँ समतल में
सींच दूँ पूरी धरा
को नेह के जल से
बनूँ ठण्डी रात में
मैं गर्म पश्मीना

चाहती हूँ राग
चारों ओर छितराये
पखेरू परवाज़ को
नित पंख फैलाये
शिराओं में उतरता
एहसास है झीना

हँसो ज़रा तुम

हँसो ज़रा
तुम हो हँसी का
मतलब गुन लूँ

तुम हँसते हो तो
पूरी दुनिया हँसती है
हो जाती आबाद
उमंगों की हर बस्ती है
बिन बोले ही मैं
बुलबुल की बोली सुन लूँ

क्या मालूम हँसी ही
मेरी व्यथा मिटा दे
गहरे अन्धकार का
हर आतंक हटा दे
मन के बेंधें अवसादों
की किरणें चुन लूँ

शायद उजली हँसी
प्यार की धूप खिला दे
आने वाले कल में

नयी मिठास मिला दे
मैं मीठे सपनों के
ताने बाने बुन लूँ

मन के कोने में

बन्द मुट्ठियाँ
खोल रहा कुछ
मन के कोने में

सीली लकड़ी
धीरे धीरे अन्दर
सुलग रही
दबी रही जो बात न
खुलकर अब तक कही गयी
अक्षत चन्दन फूल सजे
पूजा के दोने में

दिन बदला
ऋतुएँ बदलीं
पर बातें वही रहीं
बदली सुबह शामें बदलीं
पर रातें वहीं रहीं
फिर भी दुनिया गयी न
बरजी स्वप्न पिरोने में

फूलों के खिलने की
नहीं गवाही दी जाती

आँखों के मिलने की
नहीं मुनादी की जाती
ओस रही तल्लीन
दूब के बदन
भिगोने में

बीता पूरा दिन

बीता पूरा दिन
बेमतलब बातों में

आज हवा में
घुला हुआ स्पर्श नहीं
मन के भीतर जागा
कोई हर्ष नहीं
कुछ अनचाहा है
दिन की सौगातों में

आज सुबह की
धूप मुझे अनमनी लगी
ख़ामोशी की सुर्ख़
मसहरी तनी लगी
लगता है कुछ खोया
बीती रातों में

शाम साथ में
अँधियारा लेकर आयी
लगी शरद जैसी
बहती पुरवाई
दहशत भरी रही
पेड़ों के पातों में

यह बातूनी हवा

यह बातूनी हवा
सभी को भरमाती है

सब कुछ उम्दा
कर देने का
वादा करती है
हँसी ख़ुशी लौटाने
पर आमादा रहती है
छल फ़रेब तिकड़म ही
जिसकी थाती है

कहती है अब
सपनों का सच होना
भी मुमकिन होगा
मानो मेरी तो हर
घर में उत्सव होगा
आयी मौसम के
घर से यह पाती है

कहती हर दुर्दिन
की बिगड़ी हुई
दशा होगी

रूप रंग रस की
ऐसी वर्षा होगी
सच्चाई की झूठी
क़समें खाती है

नये खेल सा जीवन

नये खेल सा जीवन
जीना चाह रही
नहीं यातना की
गहराई थाह रही

इतना अँधियारा
कि हाथ नहीं सूझे
लगे अपरिचित लोग
सभी जाने बूझे
सिर के ऊपर फैल
किसी की छाँह रही

चाल सियासत चलती
है उल्टी सीधी
फूलों की पंखुड़ियाँ
दिख रहीं बींधी
कसी शिकंजों में
सपनों की बाँह रही

धीरज तोड़ न पाये
मौसम के मारे

डिगा नहीं पाये
अपराधी हत्यारे
इतिहासों की स्याही
सिर्फ़ गवाह रही

प्रतिदान मत माँगो

प्यार करके प्यार का
प्रतिदान मत माँगो

प्यार का खिलना
सुबह की धूप जैसा है
शारदीया चाँदनी के
रूप जैसा है
गीत की लय छन्द औ,
सुर तान मत माँगो

प्यार से ही रंग को
पहचान मिलती है
नयन अधरों को सहज
मुस्कान मिलती है
नदी की हर लहर का
अभियान मत माँगो

प्यार लहराती फ़सल
की मुस्कुराहट है
नये कल के पाँव
की आ रही आहट है
प्यार में बोया गया
आख्यान मत माँगो

डरती रही

स्वयं से मैं आज
तक डरती रही

एक अच्छे स्वप्न
की उम्मीद में
बेख़बर सोयी रही
मैं नींद में
साँस ठण्डी
बेवजह भरती रही

गहन चुप्पी से
हवा ऊबी नहीं
चैन से सोयी
कभी परती नहीं
यातना की झील
में तिरती रही

बदल रंगों की
गयी मुस्कान है
खो गयी हर वस्तु
की पहचान है
चाहतों की मौत
मैं मरती रही

बरगद मौन खड़ा है

बूढ़ा बरगद
मौन खड़ा है

गाँव बँटा
घर बार बँटा
अपनेपन का
प्यार बँटा
खूँटा आँगन
बीच गड़ा है

हुआ समय को
सुन बहरी है
पेड़ों की
पत्तियाँ डरी हैं
वंशी मादल
स्वर उखड़ा है

खुदी कई खाई
अपनों में
वृक्ष बँटा
जड़ और तनों में

यहाँ रोककर
वक़्त अड़ा है

होड़ लगी
खोने पाने की
हरियाली बरबस
जाने की
अपनापन दम
तोड़ रहा है

पहचान लोगे तुम

जब हमारे दर्द को
पहचान लोगे तुम
हर अँधेरे के विषय
में जान लोगे तुम

आँख में पहचान की
निखरी चमक होगी
होंठ की मुस्कान में
ज़्यादा पुलक होंगी
अगर छतरी व्यथाओं
पर तान दोगे तुम

नयी होगी सुबह
फिर शामें नयी होगी
नहीं सूरत रात की
तब सुरमयी होगी
दो नहीं बस एक हैं
हम मान लोगे तुम

नहीं रिश्तों में कहीं
कोई गिरह होगी

पारदर्शी झील की
गज्झिन सतह होगी
ज़िन्दगी के मर्म को
पहचान लोगे तुम

चहके सगुनपाख़ी

कोहरे को चीरकर
सूरज नया निकला

फिर नये अन्दाज़ में
चहके सगुनपाखी
गुनगुनाने लगे भँवरे
भजन पद साखी
ओस कमसिन दूब
से थी मन रही बहला

फिर लगी तिरने मदिर
ख़ुशबू हवाओं में
ज़िन्दगी सजती रही
सच्ची दुआओं में
और पुरवाई रही
हर फूल को सहला

फिर नये उल्लास
से वनफूल मुस्काये
सहज मुँदती आँख में
नवस्वप्न अँखुआये
कौंध यादों में रहा फिर
फिर मिलन पहला

मेरे तुम्हारे बीच

हवाओं को
मुट्ठियों में भींच
खींच रेखा एक
गहरी खींच

काम करने से
न क्या होगा
रात में भी
उजाला होगा
गर्म ख़ूं से नर्म
मिट्टी सींच

आँख में
सपने भरे होंगे
ज़ख़्म अन्तर
से हरे होंगे
साफ़ कर हर
ओर फैली कीच

मिले मौसम को
नया जीवन

धड़कनों को
सहज स्पन्दन
कुछ न हो मेरे
तुम्हारे बीच

बोल तुम्हारे हैं

दरवाज़े तक
मैं आती हूँ
रोज़ सबेरे जी

याद बहुत आती हैं
मुझको वे मीठी बातें
मुस्कानों के जल से
धोये दिन की सौगातें
आँखों की पुतली से
सपने सुबह डकेरे जी

चिड़ियों के गीतों में
मीठे बोल तुम्हारे हैं
पुरवाई की अँगड़ाई
को मिले सहारे हैं
मुझे लगे कोयल भी
तुमको बरबस टेरेजी

कानों में बजती कुछ
पाँवों की आहट सी
रोम रोम में अंकित

साँसों की गर्माहट सी
सगुन चिरैया गाती
चढ़कर रोज़ मुँडेरे जी

दुनिया बदल रही

बात बात में
मौसम बदला
दुनिया बदल रही

जो दिखता है
वही सच है
कहना मुश्किल है
पानी का नीचे से
ऊपर बहना मुश्किल है
पतझर से नंगी डालों
पर कोंपल निकल रही

जंगल की आँखों में
गहरी बेचैनी दीखी
गौरैया बाजों के भय
से बार बार चीख़ी
मगर बिना भय के
मकड़ी जाले पर
फिसल रही

हाल पूछना
कठिन हुआ अब

गर्म हवाओं का
बदल रहा है राह
निरन्तर आँधी का झोंका
लेकिन आसमान के रुख
पर दहशत मचल रही

बातें मुखर हुईं

जितनी गयी छिपायी
बातें उतनी मुखर हुईं

अर्थ भरा करती हैं
बातें कभी न मरती हैं
बातों के अन्दर से
बातें फूटा करती हैं
संसद से बातें फ़ुटपाथों
तक हैं पसर गयी

हरसिंगार के झरने से
कब मौसम बदला है
और न केवल फरियादों
से सरगम बदला है
तेज़ आँच पाकर कुन्दन
की काया निखर गयी

चलने को तो अगहन में
लू भी चल सकती है
और रीतियाँ रघुकुल
की भीषण टल सकती हैं
राहें सारी खो घनघोर
तिमिर में अगर गयीं

सम्मोहन सा आना

आना
सुन्दरता में
सम्मोहन सा आना

आना
जैसे बीजों में
अंकुर आता है
गीत ग़ज़ल के गायन
में लय सुर आता है
पके आम के अन्दर
स्वाद मधुर बन जाना

आना
जैसे होंठों पर
खिलती मुस्कानें
हर परिचित आँखों
के मिलने पर पहचानें
फूलों की ख़ुशबू सा
कण कण में लहराना

आना
पीलेपन सा

फूले अमलतास में
हल्की सी ठण्डक आती
जैसे बतास में
लेकिन कभी नहीं तुम
पके ज़ख़्म सहलाना

आना
जैसे अंगूरों में
रस आता है
दृश्य अचाहे भी
आँखों में बस जाता है
हरे भरे खेतों सा जन
जन में बिलमाना

आदमी नहीं मिलते

आदमी अब आदमी
जैसे नहीं मिलते

नहीं मिलती धूप में
अब गुनगुनाहट है
ऊब टूटन घुटन है
औ, कसमसाहट है
हैं न झोंकों से हवा
के पात अब हिलते

नागफनियों का उगा
वन राजपथ पर है
अधिक धुँधले दीखते
हर शब्द अक्षर हैं
बिना मौसम फूल
सेमल के नहीं खिलते

नहीं कोई पूछता
अब हाल मौसम का
बदलता जा रहा स्वर
हर रोज़ सरगम का
हरे हो जाते भरे से
घाव जब छिलते

और हवा है

मैं हूँ तुम हो
और हवा है सोचो
यहाँ नहीं अब क्या है

आँखों में है
चमक सुबह की
सगुन चिरैया
घर में चहकी
ख़ुशबू सनी
बही पुरवा है

पेड़ों में फूटी
कोंपल हैं
खेतों में हँस
रही फ़सल है
लहालोट हो
रही जबा है

होंठों पर
मुस्कान मधुर है
खनकी चूड़ी
और नुपूर है
फिर मौसम
रच रहा ऋचा है

पढ़ना होगा

फिर से जीवन के
पन्नों को पढ़ना होगा

जिन पन्नों में जीवन
का इतिहास लिखा है
आने वाले कल का
खिला उजास लिखा है
सीढ़ी दर सीढ़ी ही
छत पर चढ़ना होगा

मौसम ने आकर
मेरी औकात दिखायी
गली मुहल्ले वालों
ने आँखें चमकायीं
उखड़ रहे गत्ते को
फिर से मढ़ना होगा

इन पन्नों पर सपनों
वाले गीत लिखूँगी
आँखों में बस जाने
वाली प्रीत लिखूँगी
वनबेला की लत्ती सी
ही बढ़ना होगा

उलझी गाँठे खोल रही

चढ़ छत के मुँडेर
सगुन चिरैया बोल रही

एक अनूठी गूँज चहक
कर आँगन में फैली
पारिजात पुष्पों की
ख़ुशबू मन में है फैली
अपनेपन की उलझी
गाँठें खोल रही

रातों की चुप्पी दिन
की हलचल आवाजाही
ठहर गया पीपल की
छाया में चलता राही
जूही की टहनी में फूटी
कोंपल डोल रही

एक अजाना मौन
कान में आकर ठहर गया
बदल रहे मौसम में कौन
बदले बिन रह गया
आड़ी तिरछी रेखाएँ
पर दुनिया गोल रही

नहीं अख़बार लगते हैं

हैं ख़बर से भरे लेकिन
नहीं अख़बार लगते हैं
दिखते हैं सबल पर
लाचार लगते हैं
इस शहर के लोग
सब बीमार लगते हैं

यहाँ हर होठ
पर चिपकी हुई
मुस्कान नक़ली है
यहाँ जो दिख रही असली
नहीं वह चीज़ असली है
यहाँ आँगन नहीं बँटते
हुए घरबार लगते हैं

यहाँ के लोग
खुलकर हैं नहीं
बातें किया करते
सभी अपने लिए जीते
सभी अपने के लिए मरते
व्यथा आतंक के आगे
सभी लाचार लगते हैं

ज़रूरत में नहीं
कोई किसी का
साथ देता है
करो विश्वास जिस पर
वही बस आघात देता है
लगाते ज़ख़्म पर मरहम
मगर अंगार लगते हैं

पास गयी हूँ मैं

जितनी दूर गये तुम
उतनी पास गयी हूँ मैं

तुम मेरे सपनों में हो
हो मेरी यादों में
सारे सुख दुःख में
होने वाले संवादों में
हरी भरी तुलसी की
महकी पतई हूँ मैं

मेरी साँसों में है
साँस तुम्हारी घुली हुई
मीठे अहसासों के जल
से लगती धुली हुई
माँ के आँचल जैसी
लगती स्नेहमयी हूँ मैं

देह तुम्हारी सहलाती
अक्सर पुरवाई सी
और कान में गूँज
रही हूँ मैं शहनाई सी
जितने दिन बीते उतनी
हो गयी नयी हूँ मैं

मीत तुम्हारे साथ

मैं अनजान सफ़र में
निकली मीत तुम्हारे साथ

मीठी मीठी बातें करती
साँसों में नव ऊर्जा भरती
निर्भय घूम रहे हैं हम तुम
डाल हाथ में हाथ

बातें हैं ख़ुशबू रंगों की
कुछ बदले से आसंगों की
मन ही मन में रही निरन्तर
सपनों की बरसात

दूर दूर तक हम जायेंगे
मन के पत्ते हरियायेंगे
मौसम भी देगा हमको
अनुराग भरी सौगात

नये नये एहसास मिलेंगे
हँसी ख़ुशी उल्लास मिलेंगे
बदलेंगे अपनी हिम्मत से
हम अपने हालात

डरे डरे स्वर में

बात न रखूँगी मैं
डरे डरे स्वर में

उड़ने के पहले ही
दूर गिरी पाँखें
हँसना चाहा लेकिन
हँसी नहीं आँखें
क्यों जीना है मजबूरी
साँसत डर में

उत्सव जब ख़ुशियों
से भरा नहीं दीखे
हरा भरा जंगल
भी हरा नहीं दीखे
चैन नहीं मिल पाये
गर अपने घर में

कण्ठ रुँधा लगता
बजती शहनाई का
टूट रहा बदन मदिर
अँगड़ाई का
बोये बीज नहीं
जाते हैं बंजर में

शब्द अनूठे हैं

किनके भाग्य न
क्षण भर रूठे हैं
किनके सारे
शब्द अनूठे हैं

किन आँखों का
रंग न बदला है
ठगे जाने पर
कौन न सँभला है
सारे अर्थ न
होते झूठे हैं

अधरों पर हर पल
मुस्काहट है
रिश्ते नातों में
गर्माहट है
घायल कभी न
हुए अँगूठे हैं

आँगन में हरदम
हरियाली है

सभी समय चेहरे
पर लाली है
अपने जिनसे
कभी न रूठे हैं

काले काले दिन

बिना बुलाये ही आ
जाते काले काले दिन

इस दिन की
हाथों की रेखा
हैं कुछ धुँधली
चटक धूप की
उजली काया
यहाँ नहीं उजली
मगर गेंद की तरह
हमेशा गये उछाले दिन

इस दिन की
आँखों में हैं
दहशत की छायाएँ
ऊब घुटन आतंक
हादसे हैं दायें बायें
फिर भी चावल
जितने ही
जा रहे उबाले दिन

अलग अलग
शर्तें हैं इसकी
अलग नुमाइश हैं
बची नहीं पहचान
बचाने की गुंजाइश हैं
बहुत सालते हैं
विपरीत
हवाओं वाले दिन

बँटी हुई हूँ मैं

बँटे हुए रिश्तों
में बँटी हुई हूँ मैं

बना सकी अपनी
कोई पहचान नहीं
थके होंठ पर खिलती
हैं मुस्कान नहीं
नूतन सन्दर्भों से
कटी हुई हूँ मैं

बँटी रही माँ पिता
बहन भाई में मैं
ननद भावज सासू
औ, ताई में मैं
बन्द लिफ़ाफ़े पर
ही सटी हुई हूँ मैं

इस आज़ाद मुल्क
में हूँ आज़ाद नहीं
कर पाती ख़ुद से
कोई संवाद नहीं

बचपन के पाठों में
ही रटी हुई हूँ मैं

नाम तुम्हारा

सब कुछ रसमय कर
जाता है नाम तुम्हारा

अर्थ अधिक गहरा
होता है अक्षर ढाई का
ढंग बदल जाता है
मौसम की अँगड़ाई का
सप्त स्वरों में गूँज
रहा पैग़ाम तुम्हारा

नियम क़ायदे बदल
धड़कनों के जाते हैं
आँखों के कोये में
सपने अँखुआते हैं
इतिहासों में अंकित
है हर काम तुम्हारा

नाम तुम्हारा दुहराती
हर सुबह शाम है
गाती ज्यों यह कोई
पद साखी कलाम है
रंग प्रकृति को देता
ललाम तुम्हारा

अकेली भीड़ में

लग रही हूँ मैं
अकेली भीड़ में भी

परिचितों से भी
नहीं संवाद होता
डरी आँखों में
भरा अवसाद होता
कँपकँपाते हैं
पखेरू नीड़ में भी

फूल में ख़ुशबू
न ऊष्मा धूप में है
नहीं सम्मोहन
सलोने रूप में है
है हरापन नहीं
साखू चीड़ में भी

मिल न पाया एक
अपनापन भरा घर
बिना स्याही के हुए
हैं ढाई अक्षर
लय नहीं मिल रही
कोई भीड़ में भी

पर सवेरा नहीं है

यहाँ रात है
पर सवेरा नहीं है

हवा खुश्क है
उर्वरा में कमी है
है कुहासा अभी
नहीं रौशनी है
भरे साँप है पर
सँपेरा नहीं है

हुआ भोर लेकिन
नहीं फैला उजाला
रहा व्योम की आँख
का है रंग काला
घना तम है अभी
उबेरा नहीं है

बनेंगे नये फिर
घरौंदों बनेंगे
नहीं यातना के
मसौदे गढ़ेंगे
कहीं पाखियों का
बसेरा नहीं है

अब नहीं किताबों में

सच्चाई मिलती
अब नहीं किताबों में

आज हवा में मिलती
छुअन नहीं मुझको
हर चेहरे पर दीखा
पागलपन मुझको
भरे सिर्फ़ बालू हैं
अब तालाबों में

दीख रहा सन्नाटा
पसरा हर घर में
काँप रहे उड़ते
वनपाखी हैं डर से
छाया दहशत की भर
गयी उकाबों में

जहाँ कहीं मैं गयी
ढूँढ़ने अपनापन
मिली वही पर

जड़ें जमाये हुए घुटन
लोग दिखे मशगूल
अभाव दिखावों में

मौसम की तानाशाही

दिन के मुँह
पर फैली स्याही
मौसम की है तानाशाही

अपने सारे
भटकावों की
हद तक पके
हुए घावों की
सहलाने की
हुई मनाही

आस पास
पसरी मायूसी
छोड़ न पायी
कानाफूँसी
पीड़ा से
सभ्यता कराही

लाइलाज
लगती बीमारी
खुली आँख में है
लाचारी
दुखदायी है
लापरवाही

वह बन्द में है

अन्तरा में
जो नहीं
वह बन्द में है

फूल में ख़ुशबू
हवा में छुअन है
मुस्कुराहट में
अनोखा बाँकापन है
शब्द में जो नहीं
वह लय छन्द में है

नदी में लहरें
लहर में हलचलें हैं
प्यार से ही प्यार
में जाते छले हैं
वासना में नहीं
जो आनन्द में है

चाहती हूँ मैं सुबह
का रंग जीना
खुली आँखों में
समूची सृष्टि पीना
पुष्प में जो नहीं
वह मकरन्द में है

तपकर निखर गयी

दुख की ज्वाला में
मैं तपकर निखर गयी

पढ़ा ज़िन्दगी की
गम्भीर ऋचाओं को
बदला आज़ादी की
परिभाषाओं को
अपनी सारी
कुण्ठाओं से उबर गयी

नागफनी के जंगल
में चलते चलते
देखे हैं सपने
आने वाले कल के
बोने थकी हुई
आँखों में ठहर गयी

पन्ने खुलते गये
सभी इतिहासों के
अन्धकार पीने वाले
अहसासों के

घर की देहरी लाँघ
जगत में उतर गयी

बुनने लगी जाल

बुनने जाल
लगी फिर मकड़ी

मानदण्ड हो
गये पुराने
बदले नैतिकता
के माने
रही रूढ़ियों
से जो जकड़ी

एक तरह
दीखे नर मादा
तरने कसने
पर आमादा
जिनकी काया
है कुछ सिकुड़ी

तनिक न फुरसत
है सोने की
मीठे सपनों में
खोने की
चोट पड़ेगी
फिर भी तगड़ी

साँझ घिरी है

सूनी आँखों जैसी
सूनी साँझ घिरी है

धीरे धीरे घनीभूत
हो रहा धुँधलका
और सिकुड़ना बन्द हुआ
दिन के आँचल का
लगता है बदले मौसम
की नजर फिरी है

बाहर का सूनापन
घर में समा गया है
सब है पहले जैसा
कुछ भी नहीं नया है
अन्धकार की नाव
नदी के बीच तरी है

पंछी सोच रहे हम
भी वापस घर जायें
घर की खुली किवाड़ों
के पल्ले उढ़कायें
अलसाने लगी
महकती मौलसिरी है

रूठ गयी धूप

पता नहीं
किस कारण
रूठ गयी धूप

उफनी है नदी
मगर लहरें सकुचाईं
फलों को छूने से
पुरवा कतराई
घर के दरवाज़े पर
छूट गयी धूप

अपने हिस्से का
सच बोल रहे लोग
गोपन सन्दर्भों को
खोल रहे लोग
काँच के खिलौने सी
टूट गयी धूप

सम्भव है यादों की
साँसें गरमाये
स्वप्न के हिंडोले पर
झूलें इठलाएँ
चैन डरे मौसम की
लूट गयी धूप

सुनो शहर में

सुनो शहर में रहते
रहते मैं हूँ ऊब चुकी

सुबह सुबह चिड़िया की
मीठी चहक न सुन पाती
बेला चम्पा सोन जूही की
महक न गुन पाती
एक जगह पर रही खुदी
लगती हूँ बुझी बुझी

यहाँ न पनघट की
मीठी बातें चौपालें हैं
हँसी ख़ुशी मुस्कानों
पर भी पहरे ताले हैं
यहाँ न तनकर चलती
लगती बेहद झुकी झुकी

उलझी हूँ सुख सुविधाओं
की आपाधापी में
चिट्ठी नहीं छुपाकर
रख पाती अब कॉपी में
दुर्दिन की भट्ठी में
अनचाहे रोज़ फुँकी

तुम जीते या मैं हारी

तुम जीते या मैं
हारी यह क्या जानूँ

तुम हँसते हो तो
मैं भी हँस लेती हूँ
मुस्कानों के रंग
न खोने देती हूँ
इच्छा है हर दुर्दिन
पर झाड़ू तानूँ

यह पूरा घरबार
हमारा हिस्सा है
हँसी ख़ुशी उल्लास
रुदन का क़िस्सा है
चाह रही मैं
सपनों के छप्पर छानूँ

पास न तुम तो
धरती और आकाश नहीं
छन्द ताल सुर लय में
चलती साँस नहीं
बिना तुम्हारे कैसे
ख़ुद को पहचानूँ

कुछ देर बैठे यहाँ

चलो कुछ देर बैठे
यहाँ हम खुले से

यहाँ हैं पाखें
खुजाते वन पखेरू
घुले हो जब धूप
में कुछ रंग गेरू
स्वप्न भी तिरने लगे
जब बुलबुले से

यहाँ पर अब भीड़
भी ज़्यादा नहीं है
हवा की यह गन्ध
कुछ सादा नहीं है
मौसमी अन्दाज़ हैं
धुले धुले से

इस नये माहौल
पर सोचे विचारें
पुरानी यादों की
परतें हम उतारें
समय को हम तोल
लें मन के तुले से

प्यास उगकर

प्यास उगकर
अधर पर पतरा गयी

खुली आँखों में
नये सपने तिरे
हैं खुले आकाश
में बादल घिरे
हरीतिमा वनबाग
में लहरा गयी

फूटने कोंपल
लगी है चाह में
औ, त्वरा मरने
लगी उत्साह में
चाहतों की हर
छुअन गरमा गयी

क्या कहूँ मैं भी
हरी कुछ हो गयी
प्यार की गुनगुनाहट
में खो गयी
और आँखों की
चमक महुआ गयी

बदल गयी ऋतुएँ

बदल गयीं ऋतुएँ
लेकिन दिन नहीं फिरे

वही अँधेरी रात
सुबह धुँधली धुँधली
अँधियारे की बर्फ़
नहीं अब तक पिघली
पतझड़ आने के
पहले ही पात झरे

जलकुम्भी सा पसरा
सन्नाटा दीखा
भरे घुटन से बन्द
पड़ा कमरा दीखा
घर आँगन रह रहकर
करते ज़ख़्म हरे

लेकिन है विश्वास
सवेरा आयेगा
नयी रोशनी ले
ख़ुशबू बिखरायेगा
सोच समझकर
अपनों के कल सँवरे

आँखों में बहती है

आँखों में बहती है
नदी अदावत की

दीख रही बेचैनी
दिन की आँखों में
सटे क्रूर काँटे
फूलों की शाखों में
और आँधियाँ है चल
रहीं बग़ावत की

डूबा हुआ ज़हर में
है संवाद यहाँ
बना घोंसला बैठा
है अवसाद यहाँ
माँगी क़ीमत जाती
सदा इबादत की

रिश्ते नातों में
न बची गरमाहट है
सहज प्यार में भी
दिख रही मिलावट है
और भूमिका बदली
मिली सदाकत की

सोने की तैयारी में

सोने की
तैयारी में मन
गाने लगता है

नींद आँख से
हो जाती है दूर
अजाने ही इन्तज़ार
आ खड़ा रोज़
होता सिरहाने ही
और खुले बाँहों पर
हाथ फिराने लगता है

अँगड़ाई ले
रही हवा जब
बाँहों में भरती है
फूलों की ख़ुशबू को
चाहों में भरती है
थिरक रहे होंठों पर
कुछ अँखुआने लगता है

प्रेमगीत की धुन
बरबस होंठों तक

आती है सपनों में
खो जाने का
एहसास दिलाती है
उठकर मीठा दर्द
बदन सहलाने लगता है

सुनो मेरी आँख में

सुनो
मेरी आँख में
आँखें न डालो

कसमसाहट मन्दिर
तन में दौड़ जाती
लहलहाती ख़ुशी मन
में दौड़ जाती
महकते अहसास को
अब मत खँगालो

एक अनजानी
पुलक मुझमें उतरती
इन्द्रधनुषी चाह
की निर्झरी झरती
नये शिशु की तरह
सपने को सम्हालो

लग रहा है आज
यह मौसम सुहाना
चाहता हर अंग है
नवगीत गाना
सप्तवर्णी गन्ध से
साँसें भिगा लो

अक्षर बनूँगी

मैं तुम्हारे गीत
की लय स्वर बनूँगी
प्यार के हर शब्द
का अक्षर बनूँगी

तुम्हें अच्छी नींद
आती हो जहाँ भी
और आँखें चहचहाती
हों जहाँ भी
मैं उसी संवेदना
का घर बनूँगी

जहाँ पर फैला
उजाला हो सुबह का
सगुनपाखी मुँडेरे
पर उतर चहका
मैं उसी संसार
का अम्बर बनूँगी

जहाँ पर तुमको
मिले पहचान अच्छी

गहगहाते होंठ पर
मुस्कान अच्छी
मैं उसी अहसास
की चूनर बनूँगी

मैं किसी का

मैं किसी का नाम
जीकर क्या करूँगी
अनपुरा परिणाम
जीकर क्या करूँगी

जब सुबह का रंग
ही धुँधला गया हो
गहन अँधियारा
चतुर्दिक छा गया हो
जीत का पैग़ाम
जीकर क्या करूँगी

कर रहा उपहास
जब मेरा समय हो
हवाओं में घुल गया
आतंक भय हो
सुनहरा अंजाम
पीकर क्या करूँगी

एक तिनके का
सहारा भी नहीं हो

दीखता कोई किनारा
भी नहीं हो

तब घनेरी शाम
जीकर क्या करूँगी

स्वर बनूँगी

मैं तुम्हारी बाँसुरी
की स्वर बनूँगी

धूप उजली सुबह
की मैं चुलबुली हूँ.
पत्तियों के हरेपन
में मैं घुली हूँ
नव सृजन की भूमि
मैं उर्वर बनूँगी

मैं तुम्हारे होंठ पर
तिरती हँसी हूँ,
झिलमिलाते नयन की
किल किल ख़ुशी हूँ,
मैं पसीने पोंछता
आँचल बनूँगी

जहाँ भी होती
न हवा में हलचलें हैं
खनक उठती
ज़िन्दगी की सरगमें हैं
मैं उसी संगीत का
अक्षर बनूँगी

अन्तर्मन भीगा

वर्षा के आते
ही अन्तर्मन भीगा

भीगी धरती
पेड़ों के पत्ते भीगे
मधुमक्खी के झूल
रहे छत्ते भीगे
रस की धारा से है
घर आँगन भीगा

फ़सलों के होंठों
पर मुस्काने आयी
गूँज उठी झिल्ली
की मीठी शहनाई
ग्रामवधू का प्यार
भरा दामन भीगा

खेत लगे हैं गाने
मनमौजी कजरी
सपनों से सज गयी
सभी आँखें बड़री
कविता भीगी गीत का
छन्द चरण भीगा

छूकर बीता दिन

गुज़रा
गद्य काव्य सा
छूकर बीता दिन

पता नहीं लग रहा
मुझे सब अर्थहीन है
बहरे के आगे ज्यों
बज रही बीन है
आकर नर्म त्वचा पर
गड़ रहा है पिन

यहाँ कोई रस गन्ध
भाव स्पर्श नही है
मन को सहला
देनेवाला हर्ष नहीं है
जिसके अन्दर जाना
होगा बहुत कठिन

इसमें केवल विसंगतियाँ
और तनाव है नहीं
न विरासत से दूसरा
कोई लगाव है
गर्म जेठ सा भाग
रहा है यह आसिन

छुट्टी का दिन है

खुली देर से आँख
आज तो छुट्टी का दिन है

रही देर तक सोयी
आज न जाना दफ़्तर है
कई दिनों के बाद मिला
मनचाहा अवसर है
घर के भीतर महक रहा
ख़ुशबू का चन्दन है

जी भर काम करूँगी
घर में स्वप्न सहेजूँगी
बहुत दिनों के बाद
गीत छपने को भेजूँगी
खोजूँगी रख दिया कहाँ
आया आमन्त्रण है

कई दिनों के बाद मैं
व्यंजन स्वाद बनाऊँगी
पति से चुहल करूँगी
बच्चों से बतियाऊँगी

अंग अंग को भिगो रहा
ख़ुशबू का सावन है

नहीं करूँगी याद
आज मैं दफ़्तर की बातें
नहीं करूँगी याद कि
किसने की कितनी घातें
रागों थापों पर नाच
रहा मेरा मन है

हँसने का मौसम

मेरे घर
हँसने का मौसम
आया अभी नहीं

सपनों में हरियाली
की दुनिया मुस्काती है
सगुन चिरैया रोज़
उतरकर छत पर गाती है
फिर मन आँखों का काकुन
महुआया अभी नहीं

नहीं सुना है नये भोर
की पहली दस्तक है
हासिल करना जिसको
हासिल हुआ न अब तक है
तुलसी का बिरवा भी है
मंजराया अभी नहीं

मन में है विश्वास
सवेरा निश्चित आयेगा
अँधियारे से भरे कक्ष में
नया उजाला लायेगा
संकल्पों के रथ पथ से
हट पाया अभी नहीं

याद तुम्हारी

याद तुम्हारी
आ बैठी मेरे सिरहाने

चूम आँख की पलकें
सपनों में घुल जाती है
गर्माती सांँसों की
ऊष्मा से धुल जाती है
अहसासों में भर देती है
नये नये माने

मेरे बालों को हौले
हौले से सहलाती है
और भरे होंठों पर
उँगली सहज फिराती है
सिहर रहे तन देख
लगी आहिस्ते मुस्काने

चोंच लड़ाते हुए कबूतर
देख ठमक जाती
खिली केतकी की सुगन्ध
की तरह धमक जाती
मीठे सपनों के बुनती
गाढ़े ताने बाने

मन का परिन्दा

अनवरत मन का
परिन्दा उड़ रहा

चाँदनी हो या
अँधेरी रात हो
ग्रीष्म सरदी या
गहन बरसात हो
प्यार पाने को
सदा आतुर रहा

नदी जंगल
निपट बियाबान हो
खेत बाग़ बघार
घर खलिहान हो
यह सभी में स्वप्न
बनकर जुड़ रहा

यह परिन्दा रुक
नहीं पाता कहीं
अभी तो था यहीं
अब ठहरा कहीं
ज़िन्दगी के मोड़
सारे मुड़ रहा

संसद से सड़कों तक

संसद से सड़कों
तक छले गये हैं हम

यहाँ हवा में है
बारूदी गन्ध भरी
और हुआ है मौसम
को भी सुनबहरी
बन गाँवों के अन्धी
गली गये हैं हम

चहक रहा खिल
खिल बबूल का काँटा है
पसर रहा घर के
अन्दर सन्नाटा है
लगा अन्धेरे घर में
चले गये हैं हम

इश्तहार जैसा
टँगने की चाह नहीं
घटना दुर्घटनाओं
की परवाह नहीं
चुटकी में सुरती सी
मले गये हैं हम

हूँ चन्दन मैं

हूँ चन्दन मैं
घिस जाने पर महकूँगी ही

बना नहीं जो काम
उसे बिगड़ना मुश्किल है
जल के बिना किसी
झरने का झरना मुश्किल है

आग अगर हूँ तो
चूल्हे में दहकूँगी ही
बेमौसम ही फूल नहीं
खिलते हैं मधुबन में
किलकारी भी नहीं
गूँजती नीरव आँगन में
सोन चिरैया हूँ तो
घर घर चहकूँगी ही

जहाँ गहन तम वहाँ
दिया मैं बन जाऊँगी
गरम तवे की रोटी
बनकर भूख मिटाऊँगी
अगर गुलमुहर हूँ तो
धू धू दहकूँगी ही

आँखों का काजल

घर में चुप्पी है
बाहर कोलाहल है
बिका कौड़ियों में
आँखों का काजल है

पत्ते पत्ते पर
पतझर की आहट है
यहाँ नहीं चौपाल
कुआँ है पनघट है
उड़ा चुका पछुआ का
झोंका आँचल है

आँखों में चुभता
बेरी का काँटा है
पूजाघर में पसर
गया सन्नाटा है
अजब धुनों में
खोया बंसी मादल है

होड़ मची है
आगे जाने पाने की

फुर्सत नहीं बैठ
कहीं बतियाने की
आँखों की पुतली
में भीषण हलचल है

बदल शाप में

बदल शाप में
गयी दुआ है
ऐसे यह सब
नहीं हुआ है

पर के बिना
परिन्दे हम हैं
मूक स्वरों वाले
सरगम हैं
हर पिंजड़े में
मरा सुआ है

तम से घिरी
पूरनमासी है
उल्टी पड़ी
उलटबाँसी है
सूखा सपनों
का अँखुआ है

आँखों में फैला
सन्नाटा
चुभो रहा

ज़ेहन में काँटा
चीख़ रही
घायल पछुआ है

होगी अब यह
राह बदलनी
समझौता की
चाह बदलनी
फैला चारों
ओर धुआँ है

बदल रही यह दुनिया

बदल रही यह
दुनिया बदल रही

आँखों से ग़ायब
अपनी पहचान हुई
रूठ अधर से है
चंचल मुस्कान गयी
बर्फ़ नहीं चुप्पी की
जल्दी पिघल रही

अपना ही घर
हुआ पराया है
मेहनत पर हावी
सरमाया है
राहें नहीं क्यों हैं
वनों से निकल रहीं

बदल गयीं सब
जीवन की परिभाषाएँ
बदली बदली दिखतीं
आदिम भाषाएँ
इच्छा मगर लहर
सी उठकर मचल रही

मेरा गाँव नहीं

पहले जैसा है
अब मेरा गाँव नहीं

लोग हुलसकर
मिलते नहीं गले
दाम जोड़ते
स्वागत के पहले
कहीं सुलगते
गर्म अलाव नहीं

समय नहीं अब
मिलने जुलने का
पुस्तक के पन्ने
सा खुलने का
देते खुलकर
दुआ अदाब नहीं

रिश्तों में अब
कड़वापन है
मिलता नहीं वो
अपनापन है रुका
वक़्त का अविरल
कहीं बहाव नहीं

तुम्हारे बिन

गर्मियों के दिन
नहीं कटते तुम्हारे बिन

हवा थप्पड़
मारती लगती
मुरझ जाती
कामना मरती
काढ़कर फन
खड़ी है नागिन

तन जलाती
लू बरसती है
आँख आकों की
विहँसती है
है गिलहरी
ढूँढ़ती साथिन

घिर गया दिन
फिर सवालो में
हो रही हलचल
न तालों में
चैन से जीना
नहीं मुमकिन

अँधियारा

अँधियारा
घनघोर दिखे
घर में आदमखोर दिखे

वन में नहीं
हरापन है
सूखा लगता
आँगन है
नहीं नाचते
मोर दिखे

सीधी सच्ची
कहन नहीं
अपनेपन की
छुअन नहीं
लहरों में न
हिलोर दिखे

अपनों की
पहचान मिटी
फूलों में ख़ुशबू
न रही

नागफणी
हर ओर दिखे
कटे फटे

रिश्ते नाते
दें न प्यार
की सौगातें
डंक मारता
भोर दिखे

सुन तुम्हारे

सुन तुम्हारे
भरे होंठों का
मधुर संवाद लूँ

होंठ से
झरती निरन्तर
बूँद अमरित की
हो रही संगीत की
धुन अग्रसारित सी
सुन चहकते नयन का
सन्देश लूँ फरियाद लूँ

इन्हीं होठों से झरी
रस भरी फुलझरियाँ
एक आदिम राग वाले
गीत की कड़ियाँ
क्यों नहीं मन
में बसा इस गीत
का हर नाद लूँ

होंठ हैं या फाँक
हैं ये सन्तरे की रे

पकी फ़सलों से सजायी
अगहनी धरती
इन्हीं के कारण
रही मैं भूल
हर अवसाद हूँ

दुनिया बदल गयी

पारे जैसी इच्छाएँ
अँगने में पिछल गयीं
एक छुअन से तेरी
मेरी दुनिया बदल गयी

रोम रोम से लगीं
छूटने उज्ज्वल फुलझड़ियाँ
गूँथ गयी वे एहसासों की
हैं अनगिन लड़ियाँ
उष्ण हुयी साँसें
अपनापन पाकर
मचल गयीं

महुआई
आँखों की पुतली
रंगत बदल गयी
हँसने मुस्काने की
सब आदत बदल गयी
मोम बनी इच्छाएँ सारी
पल में पिघल गयीं

कुछ बदली बदली सी
लगी चहकती हँसी
ख़ुशी सिक्त हुई
मीठे सरगम से
गीत ग़ज़ल मेरी
सपनीली अनहोनी
होते होते सँभल गई

मीत मेरे

मीत मेरे
तुम कहाँ हो

मैं प्रतीक्षा
में खड़ी हूँ
बनी फूलों की
लड़ी हूँ
ठहर जाना
मत जहाँ हो

कुछ गरम
लगतीं हवाएँ
खो गयीं
सारी दिशाएँ
मैं यहाँ और
तुम वहाँ हो

लौट कर आये
न अब तक
द्वार पर दी
है न दस्तक
स्वप्न में मेरे
रवाँ हो

आँक रही

आँक रही
अनमनी आँख से
खिड़की पर बैठी गौरैया

निरख रही है
पूरी दुनिया
जैसे सब बैठे
निरगुनिया
कहाँ गयी
बरगद की छईयाँ

गिरह उलझती
जज़्बातों की
धूप छाँव
रिश्तों नातों की
खुल गयी क्यों
खूँटे से गईया

कुदरत की
सूरत बदली है
ऐसी जालिम
हवा चली है
किसकी ले अब
कौन बलईयाँ

चलना सीख रही

काँटों भरी राह पर
चलना सीख रही

सीख रही हूँ बिन
सीढ़ी छत पर चढ़ना
अपनी क़िस्मत की
हर रेखा को पढ़ना
साँचे में ईंटों सा
ढ़लना सीख रही

अनुशासन में जीना
लय छन्दों जैसा
सोच महकने का है
मकरन्दों जैसा
मौसम जैसा रंग
बदलना सीख रही

सीख रही हूँ
अंगारों की भाषा मैं
हक़ इज़्ज़त आज़ादी
की परिभाषा मैं
बीहन में अंकुर सा
जमना सीख रही

पेड़ों की फुनगी

पेड़ों की फुनगी
तक बेल चढ़ गयी

दुल्हन सी सजी
हुई डोली सी है
सुबह शाम की
रची रंगोली सी है
मुस्काती आँखों के
भाव पढ़ गयी

उलझ रही कभी
कभी यह सवाल सी
मौसम में खेतों के
उड़े हाल सी
ऋतुओं के ऊपर
आरोप मढ़ गयी
चाहे हो जनवरी
चाहे जून हो
सिमडेगा हो या
फिर मधुरबीन हो
सपनों के साझा
इतिहास गढ़ गयी

किसको दूँ

यह झूठा
सम्बोधन किसको दूँ

छीज गये
हैं रिश्ते नाते
खुले हुए
दुर्दिन के खाते
प्यार भरा
आलिंगन किसको दूँ

बात बात में
खींचातानी
सूख गया
आँखों का पानी
भरा हुआ घर
आँगन किसको दूँ

अपनेपन का
बीहन सूखा
नेह प्रेम का
सावन सूखा
अर्थ भरा
अनुमोदन किसको दूँ

अब भी कुछ सपने

अब भी कुछ सपने
तिरते हैं मेरी आँखों में

रोज़ सुबह के चेहरे
को धो देती लाली है
बची हुई पेड़ों के
पत्तों में हरियाली है
है उड़ान की इच्छा
वनपाखी की पाँखों में

कहने सुनने की
बातें हैं ढेरों बची हुई
नये घरौंदों की सुन्दरतम
दुनिया रची हुई
हो पाती न अभिलाषा
बन्द कभी सलाखों में

सूखी मिट्टी के
सीने में छिपी नमी होती
नहीं रोशनी की तलाश में
कभी कमी होती
कोंपल फूटेगी ही
हर पौधे के शाखों में

बस धोखे ही धोखे हैं

खुले सभी दरवाज़े हैं
पर बन्द झरोखे हैं
रंग नहीं डर के चेहरे
का कभी उतरता है
यहाँ हवा में सन्नाटा
किलकारी भरता है
तनिक नहीं है सच्चाई
बस धोखे ही धोखे हैं

घर में है ख़ामोशी
बाहर भीषण कोलाहल है
धुनी हुई चौखट में
लगी नवेली साँकल है
सूखे ताल तलैया के
जल किसने सोखे हैं

आसमान टाँगों पर
टाँगे हुए टिटहरी है
मगर चहक में गौरैया
की पीड़ा गहरी है
पूजाघर में पर बजते
संगीत अनोखे हैं

अर्थहीन सम्बन्ध हुए

कई कई चेहरे
पहने हैं राम यहाँ

बदल गयीं संज्ञाएँ
बदलीं परिभाषा
बदल गयी दिल के
मिलने की हर आशा
अर्थहीन सम्बन्ध हुए
बदनाम यहाँ

इतनी तेज़ हवा
कि जंगल कांप रहा
अन्धकार है विकृतियों
को झाँप रहा
दोपहरी में हो
जाती है शाम यहाँ

पढ़ना है मुश्किल
हाथों की रेखाएँ
अगर मूल्य है
बदल रही हैं शंकाएँ
काली स्याही से
लिखती परिणाम यहाँ

फिर मौसम पर

फिर मौसम पर
ठण्डक व्याप गयी ज़्यादा

छिपा घोंसलों में
वनपाखी डरा हुआ
जंगल की आँखों में
है डर भरा हुआ

दीख रहा लेकिन
दिन का चेहरा सादा
घने वनों से आज
न ख़ुशबू आती है
हवा वहाँ जाने से
भी कतराती है
दिखा साँप विष
फैलाने पर आमादा

हर मौसम का
हर आघात सहें कैसे
इतना सहकर भी
चुपचाप रहें कैसे
शह को देगा मात
निरंकुश हो ज़्यादा

खो मत जाना

सुनो पहरुए
सो मत जाना
सच का मतलब
बो मत जाना

रात अँधेरी
घन छाया है
जश्न मनाता
सरमाया है
इस कुहरे में
खो मत जाना

हवा पश्चिमी
सिहक रही है
मूल्यहीनता
चहक रही है
अर्थ निरर्थक
हो मत जाना

जाति धर्म
के बँटवारे हैं
घर अँगने

में दीवारें हैं
बीज कलह के
बो मत जाना

गढ़नी नयी
कहानी होगी
नयी सुबह फिर
लानी होगी
फाँस देखकर
खो मत जाना

फिर आ गयी

मैं वहीं पर
लौटकर फिर आ गयी

ख़ुशबुओं सी
हवाएँ तिरती रहीं
और नदियों में
लहर बनकर बही
नयी कोपल की
तरह हरिया गयी

एक चुटकी धूप
पाने के लिए
किसलयों सा
लहलहाने के लिए
नये अँखुए की
तरह अँखुआ गयी

मैं सुगन्धों सी
घुली हूँ हवा में
और रक्षा कवच
सी हूँ दुआ में
करम में आकर
सुबह दुहरा गयी

बीते दिन की याद

बीते दिन की याद
मुझे अक्सर आती है

बचपन का वो खेल
रूठना और मनाना
निर्झरणी सा हँसना
वनपाखी सा गाना
रोम-रोम में कुछ
गुदगुदी उतर आती है

बैठे कहीं एकाकी
मीठे सपने बुनवा
नैहर की शोखी
भाभी के ताने सुनना
सखी सहेली की
रंगरेली बल खाती है

झुकी झुकी पलकों का
उठकर सब कुछ कहना
कोहबर की मुस्कान
सिमटकर बैठी रहना
ऐसे ही कुछ बातें
मन में अँखुआती हैं

लम्बी चादर है

उतना पाँव पसारे
जितनी लम्बी चादर है

नहीं बरसती लू का
ठण्डा होना मुश्किल है
नहीं माघ माह के
पीछे आता आसिन है
फूल वनस्पतियों की
आँखों में उतरा डर है

ख़ामोशी फैली है गाँव
गली घर सड़कों पर
मनहूसी छायी है सारे
लड़की लड़के पर
ऐसे कठिन समय में
कैसे सम्भव आदर है

सारी मनचाही चीज़ें
मिल जातीं कभी नहीं
इसीलिए मौसम की
रंगत हर पल बदल रही
रिक्त आज जल से लगता
हर दरिया पोखर है

पहचाने नहीं जाते

इस शहर के लोग
पहचाने नहीं जाते

भाव पश्चिम के यहाँ
मिलते न आँखों में
चाहतें परवाज़ की हैं
कटी पाँखों में
यहाँ तम्बू प्यार के
ताने नहीं जाते

ज़हर में डूबी हुई
हर मुस्कुराहट है
ऊब टूटन घुटन है
कसमसाहट है
आदमी निज मूल्य से
जाने नहीं जाते

हर चमकती चीज़ का
क्यों रंग उजला है
लुप्त हो संवेदना
का रंग काला है
खरे सोने भी खरे
माने नहीं जाते

जंगल जलता है

जंगल जलता है
जलने दो

जैसे कल थे
आज रहेंगे
रखे सिर पर
ताज रहेंगे
दाल न गलती है
गलने दो

सब कुछ पहले
जैसा होगा
कहीं न ऐसा
वैसा होगा
आँधी चलती है
चलने दो

क्यों न समीकरण
को बदलें
पेड़ों के तन
मन को बदलें
पतझड़ खलता है
खलने दो